포스트 챗GPT

■ 일러두기
지은이가 각 장에서 참고·소개하는 자료의 출처와 보조 설명은 책의 미주에서 확인할 수 있습니다.

포스트 챗GPT

초판 1쇄 발행 2023년 5월 25일

지은이 강우규, 구본권, 금준경, 김재인, 리사손, 박권일, 박도현, 박상현, 이원재, 이유미, 장은수, 전주홍, 조동현, 최재용, 한소원

펴낸이 조기흠
책임편집 박소현 / **기획편집** 이수동, 최진, 김혜성
마케팅 정재훈, 박태규, 김선영, 홍태형, 임은희, 김예인, / **제작** 박성우, 김정우
교정교열 정일웅 / **디자인** studio forb

펴낸곳 한빛비즈(주) / **주소** 서울시 서대문구 연희로2길 62 4층
전화 02-325-5506 / **팩스** 02-326-1566
등록 2008년 1월 14일 제 25100-2017-000062호

ISBN 979-11-5784-666-5 03300

이 책에 대한 의견이나 오탈자 및 잘못된 내용에 대한 수정 정보는 한빛비즈(주)의 홈페이지나
이메일(hanbitbiz@hanbit.co.kr)로 알려주십시오. 잘못된 책은 구입하신 서점에서 교환해드립니다.
책값은 뒤표지에 표시되어 있습니다.

⌂ hanbitbiz.com 🅕 facebook.com/hanbitbiz Ⓝ post.naver.com/hanbit_biz
▶ youtube.com/한빛비즈 Ⓞ instagram.com/hanbitbiz

지금 하지 않으면 할 수 없는 일이 있습니다.
책으로 펴내고 싶은 아이디어나 원고를 메일(hanbitbiz@hanbit.co.kr)로 보내주세요.
한빛비즈는 여러분의 소중한 경험과 지식을 기다리고 있습니다.

포스트 챗GPT

폭주하는 AI가 뒤흔든 인간의 자리

박상현 **테크산업** | 구본권 **기술비평** | 조동현 **의료** | 금준경 **언론** | 장은수 **출판**

한소원 **AI심리학** | 박권일 **사회비평** | 전주홍 **과학** | 이원재 **시민사회** | 리사손 **메타인지**

이유미 **AI리터러시** | 김재인 **철학** | 최재용 **교육비평** | 박도현 **법률** | 강우규 **소설**

HB 한빛비즈
Hanbit Biz, Inc.

인공지능 시대,
인류의 번영은 계속될 것인가

빌 게이츠 마이크로소프트 공동창업자는 지난 3월, 〈AI시대가 시작되었다〉라는 제목의 글에서 일생에서 혁명적인 기술 시연을 두 번 보았다고 밝혔다. 첫 번째는 1980년의 그래픽 유저 인터페이스이다. 이는 이후 윈도우즈뿐만 아니라 모든 컴퓨터의 운영체제를 혁신했다. 즉, 사람과 컴퓨터와의 상호작용을 더 이상 암호 같은 어려운 프로그래밍 언어를 통해서가 아니라 누구나 직관적으로 자신이 하고 싶을 명령을 그림으로 보고 선택하는 것이 가능해졌다.

빌 게이츠가 꼽은 두 번째 충격적인 기술 시연은 오픈에이아이사에서 개발한 챗GPT이다. GPT4.0는 미국의 대학생들을 위한 표준화된 생물학 시험에서 이를 위해 따로 학습하지 않고도 만점에 가까운 성과를 거두었다. 이뿐만 아니라 따로 공부하지 않고도 미국 변호사 시험, 법학대학원 검정시험LSAT, 대학 학력 시험SAT 및 대학원 입학 학력 시험GRE 등 전문 시험에서도 최상위권 성적을 달성했다.

챗GPT의 충격이 전 세계를 휩쓸고 있다. 빌 게이츠와 같이 평생 컴퓨터 산업에 몸담아온 인물뿐만 아니라 인공지능 연구자, 개발자들을 넘어서 일반 대중에게도 큰 관심을 불러들이고 있다. 최근 딥러닝의 창시자 중 한 명인 제프리 힌튼 토론토 대학 교수 또한 10여 년 재직한 구글을 떠나면서 인공지능 기술을 향해 우려의 목소리를 내기도 했다. 인공지능 기술의 위험성을 말하며 일평생 해오던 인공지능 연구를 후회한다고 밝힌 것이다. 2016년 구글 딥마인드 사에서 개발한 알파고도 이세돌 9단을 4 대 1로 비교적 손쉽게 이기면서 한국 사회에 큰 충격을 던졌지만 챗GPT에 비하면 그 파급력은 제한적이었다. 알파고의 혁신도 눈부셨지만 어디까지나 바둑에만 특화된 인공지능이었으므로 일반 대중의 실제 삶까지 변화시키지 못했다. 하지만 챗GPT는 다르다. 챗GPT는 우리 모두가 인공지능 기술을 바라보는 태도를 근본적으로 변화시켰다. 대중들에게는 그전까지의 인공지능 기술은 특화된 문제에 대해 전문가들이 활용하는 영역이었다고 막연히 생각했을 것이다. 하지만 챗GPT는 어린 학생부터 전문 직업을 가진 성인까지 인공지능에 대한 심리적 장벽을 무너뜨렸고 이제 인공지능을 내 생활에 적극적으로 활용하는 것이 전혀 이상하지 않은 일상이 될 수 있도록 만들었다.

오픈에이아이는 범용적으로 사용 가능한 초거대 언어 모델인 GPT 시리즈를 계속 개선하고 있다. 가장 최근의 모델은 GPT-4로서 2023년 3월에 공개되었다. 챗GPT는 이 GPT 모델에 대화 인터페이스를 추가하여 사람과의 자연스러운 의사소통을 통해 GPT모델을 활용할 수 있게 만들었다. 따라서 챗GPT는 사람이 언어를 이해하고 생성하는 모든 작업들을 수행할 수 있으며 챗봇과 같이 대화를 통해 작업을 지시할 수 있다. 질의응답, 번역, 코드 작성, 요약, 여행 계획, 작문 등 사람에게 매우 어려운 작업들도 지시하는 순간 즉시 응답을 내어 놓는다. 물론 항상 올바른 응답을 내놓는 것을 보장하지는 않지만 거의 모든 지시에 대해 전문가 수준의 결과를 내어 놓는다.

챗GPT의 구조는 '트랜스포머Transformer'라고 불리우는 딥러닝 모델을 극단적으로 많이 쌓은 것이다. 매개변수parameter의 숫자는 모델이 배울 수 있는 용량을 표현하는 바로미터가 되는데 뇌의 용량을 표현하는 뉴런의 개수로 비유적으로 이해할 수 있다. 사람의 경우에는 최대 1,000억 개의 뉴런이 있다고 알려져 있다. GPT-3 모델의 경우는 1,750억 개의 매개변수로 구성되어 있고 구글의 PaLM이라는 모델은 5,000억 개 이상이다. 오픈에이아이사는 이제 GPT모델의 크기나 구체적인 설계, 학습 방법 등을 더 이상 공개하지 않고 있다. 하지만 확실한 것은 GPT는 학습 용량이 어마어마한 딥러닝 모델이고, 이 모델이 학습하게 되는 모든 지식은 데이터로부터 온다는 것이다. 즉, 데이터를 어떻게 마련하고 어떤 정답 레이블을 통해 학습하는지가 챗GPT 응답의 퀄리티를 결정하는 것이다. 학습 데이터를 효과적으로 구성하고 GPT의 응답에 대해 사람이 적절한 피드백을 주어 개선하도록 만드는 것이 GPT와 같은 초거대 모델의 유용성을 이끌어내는 가장 중요한 요소이다.

인공지능이 사람의 삶에 들어와 함께 상호작용을 하려면 사람들의 법칙을 이해하고 따라야 한다. 사람의 지시를 정확히 수행하는 것도 중요하지만 사회에서 정의된 옳고 그름에 대한 원리나 상식을 이해하고 철저히 준수할 수 있어야 한다. 예를 들어 사회적 편견을 담은 언급은 절대로 해서는 안 되고 상대방이 일부러 윤리적으로 문제가 있는 명령을 내릴 때는 단호하게 거절할 수도 있어야 한다. 이를 위해서도 역시 학습 데이터가 중요하다. 대용량의 학습 데이터 상에 개인정보나 잘못된 정보, 사회적, 정치적, 성별, 인종에 대한 편향이 존재하지 않도록 주의해야 한다. 그렇지 않다면 초거대 모델을 이를 그대로 반영할 것이다. 실제 인공지능 서비스를 준비하는 회사들이 제1의 우선순위로 신경 쓰는 부분이기도 하다.

현재의 챗GPT는 완벽하지 않다. 알려진 단점들을 몇 가지 꼽아보면 다음과 같다. 첫 번째는 '환각Hallucination'이라는 현상인데 사실과 다른 얘기를 자주 한다는 점이다. 이는 확률 기반 모델의 한계이다. 챗GPT는 단어 하나하나를 확률에 기반하여 생성을 하게 되는데 아주 낮은 확률이긴 하지만 잘못된 단어가 생성될 수 있고 이를 바탕으로 다음 단어들도 잘못된 단어들이 계속 생겨날 위험이 있다.

두 번째는 질문은 어떻게 하느냐에 따라 응답의 품질이 매우 심하게 변한다는 점이다. 이 현상은 프롬프트 엔지니어라는 새로운 직업을 낳기도 하였는데, 최적의 답을 얻기 위한 질문을 많은 경우 휴리스틱(어림짐작)에 기반하여 일일이 찾아야 하는 문제가 있다. 또한 아주 간단한 지시에도 실패하는 경우가 종종 있으며, 간단한 질문에도 중언부언하며 알맹이 없는 긴 답변을 내놓기도 있다.

또한 최신 지식의 업데이트가 몇 개월 간격으로 진행되므로, 최근 사건에 대해 질문에 대응을 못하는 경우가 많다. 이들 단점은 학계에서 광범위하게 알려진 사실이므로 미래의 초거대 언어 모델들은 이들을 빠르게 개선해나갈 것이고 매우 짧은 미래에 이들 대다수는 해결될 것으로 기대되고 있다.

챗GPT가 발표된 이후 사회적인 규제의 목소리가 있는 것은 사실이다. 많은 회사들은 사내 민감 정보의 유출에 대한 우려로 직원들의 챗GPT 사용을 금지하고 있다. 정부 기관에서도 감독을 위한 준비를 서두르고 있다. 예를 들어, 미국 상무부 산하 국가통신정보관리청NTIA은 인공지능 시스템 규제안을 마련하기 위해 여론을 수렴하고 있다. 이탈리아 데이터 보호청은 챗GPT가 이탈리아 국민의 데이터를 무단으로 수집하고 있다며 이탈리아 내 접속을 차단한기도 하였다. 또한 미국의 비영리 단체 생명의미래연구소Future of Life Institute, FLI는 인공지능 기술의 오남용으로 인한 부작용을 최소화하기 위해 인공지능 개발을 최소 6개월가량 중단하고, 독립적인 외부 전문가의 감독 프로토콜을 만들자는 주장을 하였다. 이에 일론 머스크 테슬라 최고경영자, 유발 하라리 예루살렘히브리대 교수 등 많은 오피니언 리더들이 동의하였다.

인공지능이 너무나 갑작스럽게 우리 곁으로 다가왔고 그 발전 속도가 비약적으로 빠르다보니 많은 사람들이 두려움을 갖는 것은 피할 수 없는 현상이고 다양한 잠재적인 위험 요소에 대한 검증이 필요한 것도 사실이다. 또한 인공지능 기술을 받아들이는 능력에도 불평등이 존재할 수밖에 없으므로, 인공지능 약자에 대한 사회적인 배려도 필요한 시점이다. 인공지능 기술은 앞으로 더 좋아질 일만 남았을 뿐 퇴화될 일은 없다. 오히려 좋아지는 속도는 시간에 따라 점점 빨라질 것이다. 따라서 이에 대한 안전성 검증에 대한 사회적 합의는 필수 불가결적으로 필요하다.

이 책은 다양한 분야의 전문가들이 '챗GPT 기술과 이후 급속히 대중화될 인공지능 기술이 초래할 여파에 대해서 전망을 담아 지금 말할 수 있는 것들'을 모아본 책이다. 물론 이와 같은 분석이 모두 미래에 사실로 벌어지리라 100% 확신할 수 없겠지만 자신이 속한 분야를 꾸준히 지켜봐온 전문가 분들이 현재 챗GPT를 어떻게 바라보고 있는지 앞으로 어떤 것들을 기대하고 있는지 살펴보는 것은 매우 중요한 일이다. 미국의 경영학자 피터 드러커는 "미래를 예측하는 가장 좋은 방법은 미래를 만드는 것이다"라고 했다. 챗GPT가 만들어갈 세상에 대하여 전문가들의 견해도 들어보고, 다양한 상상도 해보는 것도 좋지만, 컴퓨터공학을 전공하는 필자 입장에서는 가장 좋은 대처 방법은 직접 사용해보고 공부해보는 것이다. 챗GPT가 어떻게 동작하는지 이해해보려고 노력하고 문제점도 고민해보고 새로운 아이디어를 생각해본다면 챗GPT의 충격은 더 이상 위기가 아닌 새로운 기회가 될 수 있을 것이다. 인류의 역사를 돌이켜 보면 새로운 기술은 단기적으로는 혼란을 가져오지만 결국 사람들은 이를 현명하게 활용하는 방법을 찾아내었고 인류의 번영을 계속되었다. 이번의 인공지능 혁신도 예외가 아닐 것이다.

김건희

서울대학교 컴퓨터공학부 교수이자 ㈜리플에이아이 대표. 카네기멜론대학에서 박사학위를 받았으며 서울대 시각 및 학습 연구실에서 멀티모달 인공지능을 연구해왔다. 네이버 〈서울대학교의 모두를 위한 AI 강연〉을 통해 인공지능 지식의 대중화에 힘쓰고 있다.

차
례

1장

테크산업 속
오픈에이아이와 챗GPT

"지금 인공지능은, 실리콘밸리

벤처자본의 귀를 쫑긋하게 만들고 있다"

박상현

오터레터 발행인

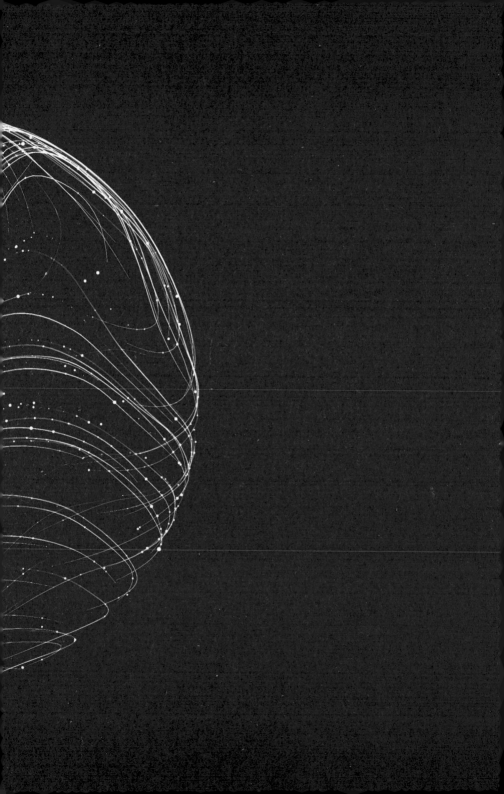

오픈에이아이의 탄생 배경

2022년 말에 등장한 이후로 전 세계를 인공지능Artificial Intelligence: AI의 열풍으로 몰아넣은 챗GPT는 참 발음하기 어려운 이름을 갖고 있다. 요즘은 매일 뉴스에서 접하고 많은 사람이 일상적으로 사용하는 익숙한 이름이 되었지만, 발음에 파열음이 가득한 이름이라 말하기 거북하다는 사람들이 많다. 구글Google, 빙Bing, 메타Meta처럼 브랜드를 짧고 쉽게 발음할 수 있게 짓는 걸 중요하게 생각하는 미국에서 왜 이렇게 이름을 지었을까? 챗GPT를 만든 오픈에이아이Open AI에서 애초에 이걸 브랜드라고 생각하지 않았기 때문이다. 직원들에 따르면 챗GPT는 그동안 만들고 있던 인공지능 모델을 출시한다면 사용자들이 어떻게 받아들이고, 어떻게 사용할지 확인하고 싶어서 피드백을 받을 목적으로 공개했다고 한다. "이게 우리를 대표하는 제품이 될 줄 알았으면 이름을 그렇게 지었겠느냐"며 너털웃음을 터뜨렸다.

오픈에이아이는 지금은 실리콘밸리에서 가장 핫한 기업이 되었지만 애초에 수익을 낼 목적으로 만들어지지도 않았다. 이름에서 짐작할 수 있듯 다른 기업, 기관의 연구자들과 함께 '열린' 인공지능 연구를 하기 위해 설립된 비영리 연구소와 이윤을 내기 위한 오픈에이아이 LP(합자회사Limited Partnership)가 결합된 것이 우리가 아는 오픈에이아이다. 하지만 2015년 테슬라Tesla의 일론 머스크Elon Musk, 링크드인LinkedIn의 리드 호프먼Reid Hoffman 같은 테크 업계 거물들의 출자로 설립된 이후로 이렇다 할 성과를 내지 못하고 있었다. 오픈에이아이가 구글의 인공지능보다 뒤졌다고 판단한 머스크는 2018년, 최고경영자CEO이자 공동 창업자인 샘 올트먼Sam Altman에게 자신이 CEO가 되어 직접 운영하겠다고 제안했지만, 다른 공동 창업자들의 반대에 부딪혀 무산되자 추가 펀딩에 대한 약속을 깨고 손을 뗐다.

실리콘밸리의 인공지능 연구자들에게는 익숙한 일이었다. 같은 컴퓨터 엔지니어라도 인공지능을 연구·개발하는 사람들은 전자상거래나 블록체인처럼 투자자들을 매혹시키는 분야에서 일하는 사람들을 오래도록 부러운 눈으로 바라만 봐야

했다. 하지만 이런 상황은 2022년 중반부터 생성형 인공지능 generative AI이 속속 등장하면서 바뀌게 된다. '인공지능의 봄'이라고 하기에는 너무나 뜨거운 지금은 인공지능의 여름이다. 그리고 앞으로 이 여름은 더욱더 뜨거워질 거라는 예보가 나온다.

인공지능의 짧은 역사

사람들은 챗GPT와 같은 기술이 인공지능이라고 불리는 것을 자연스럽게 받아들이는 듯하지만, 과연 이게 정말로 지능이냐에 대해서는 이견이 존재한다. 지각이 있는sentient 존재가 아닌데 이를 지능이라 부르는 것이 적절하냐는 것이다. 그런데도 불구하고 이 분야를 다들 인공지능이라 부르는 이유는 1956년 여름 미국 다트머스대학교에 모인 연구자들이 당시 새로운 연구 영역으로 떠오른 분야를 인공지능이라 부르기로 결정했기 때문이다.

흔히 '다트머스 워크숍'이라 부르는 이 모임의 공식 명칭은 '다트머스 하계 인공지능 연구 프로젝트'로, 다트머스대학교의 젊은 수학과 교수였던 존 매카시John McCarthy가 주축이 되어 만든 것이다. 매카시는 그때까지 사이버네틱스Cybernetics, 오토마

타 이론Automata Theory 등의 이름으로 불리던 '생각하는 기계'에 대한 연구에 인공지능이라는 이름을 붙였다. 당시의 기술 수준을 생각하면 다소 거창한 이름처럼 들리지만, 그는 사이버네틱스, 오토마타 이론 등을 모두 아우르는 중립적인 이름을 원했기 때문이다.

다트머스 워크숍은 "학습의 모든 면, 혹은 지능이 가진 모든 것들은 원칙적으로 기계가 흉내 낼simulate 수 있도록 정확하게 기술할 수 있다"라는 대전제 아래 다양한 분야의 연구자들이 다양한 논문과 아이디어를 가져와 나누는 자리였다. 하지만 이런 선언적인 의미를 제외하면 큰 성과를 낸 모임은 아니었다. 모임을 주도한 매카시 교수는 기대했던 성과가 나오지 않은 이유를 이렇게 말했다. "인공지능은 우리가 생각했던 것보다 어려운 것이었다."

존 매카시 이전에도, 이후에도 비슷한 꿈과 야망을 가진 많은 연구자들이 이 분야에 뛰어들었지만 '인공지능은 생각보다 어렵다'는 것은 이 일을 하는 사람들에게는 익숙한 표현이다. 일종의 좌절감이 섞인 이 말은 인공지능 분야를 강타한 '인공지능의 겨울'로 현실화되곤 했다.

그런데 이런 겨울은 인공지능에 대한 기대가 지나치게 커진 이후에 찾아왔다는 점에서 거품이 꺼지는 과정이었다고도

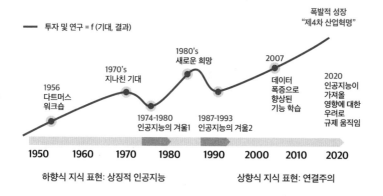

인공지능의 겨울

— 투자 및 연구 = f (기대, 결과)

폭발적 성장
"제4차 산업혁명"

1956
다트머스
워크숍

1970's
지나친 기대

1980's
새로운 희망

1974-1980
인공지능의 겨울1

1987-1993
인공지능의 겨울2

2007
데이터
폭증으로
향상된
기능 학습

2020
인공지능이
가져올
영향에 대한
우려로
규제 움직임

1950　1960　1970　1980　1990　2000　2010　2020

하향식 지식 표현: 상징적 인공지능　　　상향식 지식 표현: 연결주의

(출처: Springer.com)

볼 수 있다.

위의 도표에서 볼 수 있는 것처럼 인공지능에 대한 기대는 1960년대 내내 커지다가 1970년대에 들어서면서 첫 번째 '겨울'을 만난다. 거품은 터지기 직전에 가장 커진다는 것을 증명이라도 하듯, 인공지능의 선구자 마빈 민스키Marvin Minsky 매사추세츠공과대학MIT 교수는 1970년, 《라이프 매거진》과의 인터뷰에서 "3~8년 후면 평균적인 사람의 일반 지능을 가진 기계(컴퓨터)를 갖게 될 것"이라고 장담했다. 당시 사람들이 특히 큰 기대를 했던 것은 자동 번역이었다. 사람이 일일이 해야 하는

것을 컴퓨터가 대신 해준다면 큰돈이 될 거라고 생각했지만, 정작 작업에 착수해보니 문법이 조금만 복잡해져도 쩔쩔매는 등 기대에 크게 못 미쳤다. 결과는? 투자자들은 떠나고, 투자금이 들어오지 않으니, 연구비도 말라버렸다. 그렇게 1970년대를 보내고 1980년대가 되자 다시 봄이 찾아왔다.

전문가 시스템에 대한 희망

이 시기 인공지능에 대한 새로운 관심은 기업들이 사용할 수 있는 상업적 제품을 만들어내는 데 있었다. 그중에서도 전문가 시스템expert system이 큰 관심을 끌었다. 전문가 시스템은 특정 분야의 전문가가 가진 지식을 정리, 기술해서 컴퓨터에 입력해두면 전문가가 내리는 복잡한 의사결정을 대신할 수 있다는 아이디어다. 모든 문제에 답을 낼 수 있는 일반 지능을 추구하는 것보다 이렇게 특정 분야, 특정 의사 결정 작업의 자동화에 집중하면 인간을 대체할 수 있을 것으로 생각했다.

하지만 이런 새로운 희망도 몇 년이 지나지 않아 문제에 부딪혔다. 사람들의 기대는 점점 커졌지만, 이에 부응하는 데는 물리적인 한계가 있었다. 컴퓨터의 지식 베이스를 만드는 데는 많은 데이터가 필요한데, 당시 개인용 컴퓨터의 수준으로는 이를 감당하기 힘들었고, 그렇다면 상업화가 쉽지 않았다. 이를 처리할 시스템을 구축할 수 있는 기업은 많지 않았기 때문이다.

더 큰 문제는 전문가 시스템의 능력이었다. 소비자의 수요를 예측하고 기업이 가진 다양한 자원을 관리하는 일은 당시 인공지능의 수준에는 버거운 일이었고, 1980년대 후반이 되면 기업의 필요를 훨씬 더 훌륭하게 충족시켜주는 경영 정보 시스템이 나타났다. 바로 전사적자원관리enterprise resource planning: ERP의 등장이다. ERP는 크게 히트하며 기업 시장을 장악했고, 전문가 시스템의 수요를 가져갔다.

더 심각한 것은 전문가 시스템의 취약점으로 지적된 조건 문제였다. 인공지능이 특정한 의사 결정을 내리는 데 필요한 전제 조건들을 모두 찾아내 나열하는 게 가능하냐는 의문이었다. 전문가들이 모여서 조건을 찾아내 입력해도 그들이 생각하지 못한 예외 조건이 등장하는 것까지 예측하기는 힘들고, 그런 예외 조건을 만난 인공지능은 원하는 결과물을 내놓을 수 없게 된다. 이 문제를 보여주는 흥미로운 사례가 전문가 시스템을 신용카드 승인 절차에 적용한 한 금융기관에서 아홉 살짜리에게 카드를 발급한 일이다. 신청서에 직장 경력을 "20년"이라고 적었는데, 직장 경력이 나이보다 많을 수는 없는 일이다.

이는 프로그래머가 미처 생각하지 못한 구멍이었다.

존 매카시는 의사를 보조하는 인공지능에 환자의 대장에 있는 콜레라균을 없애도록 하면 균을 모조리 없앨 만한 약을 처방하는데, 결과적으로 환자까지 죽이게 되는 치사량을 개의치 않는다면서 전문가 시스템이 '상식common sense'이 없고, 스스로의 한계를 인식하지 못한다고 비판했다. 이런 일련의 실패를 겪으면서 현실은 전문가들이 생각해낼 수 있는 것보다 훨씬 더 복잡하다는 사실을 깨닫게 되었고, 기업들이 관심을 돌리면서 두 번째 인공지능 겨울이 시작된다. 투자자들은 다시 발을 돌렸고, 연구비도 말랐다.

어느덧 찾아온 여름

그렇게 두 번째 겨울을 보낸 인공지능 업계는 2000년대에 들어오면서 큰 희망을 품게 된다. 그동안 컴퓨터의 처리 용량도 크게 증가했고 가격도 싸졌지만, 무엇보다 인터넷의 확산으로 인공지능의 훈련에 사용할 수 있는 데이터가 폭발적으로 증가했다. 사람들은 온라인에서 끊임없이 글을 쓰고, 사진과 영상을 업로드했다. 이런 환경 변화는 딥러닝deep learning에서의 진전으로 이어졌다. 신경망neural network에 대한 연구는 꾸준히 진행되었지만 '학습'에 필요한 데이터가 충분하지 않았는데, 인터넷의 보급과 함께 이 문제가 해결된 것이다.

하지만 기업과 투자자 들이 다시 관심을 갖게 되려면 대중의 눈에 띄는 성과가 필요하다. 이때 구글이 인수한 인공지능 스타트업 딥마인드DeepMind가 그 일을 해주었다. 특히 2016년 이세돌 9단의 대결에서 딥마인드의 알파고AlphaGo가 승리하고, 2017년 세계 랭킹 1위 커제 9단마저 꺾은 사건은 일반 대중이 머신러닝Machine Learning의 위력을 깨닫게 되는 중요한 계기가 되었다.

현재 관심을 한 몸에 받는 오픈에이아이가 설립된 것도 이즈음의 일이다. 공동 설립자 중 한 사람인 그레그 브로크먼Grege Brockman에 따르면 회사를 설립하면서 딥러닝의 대가인 요슈아 벤지오Yoshua Bengio와 함께 업계 최고 연구자들을 망라하는 리스트를 만들었고, 그중 아홉 명을 데려오는 데 성공했다고 한다. 비록 비영리 기업이었음에도 이들을 데려오기 위해 일반 테크 기업의 연봉을 제시했지만, 여전히 구글이나 페이스북 연봉에는 미치지 못했다. 그런데도 뛰어난 인재들을 모을 수 있었던 것은 '최고의 인재는 더 나은 연봉보다 뛰어난 동료와 일하고 싶어 하기 때문'이었다.

앞서 말한 것처럼 그렇게 모인 인재들이 내놓는 성과가 구글에 미치지 못한다고 생각한 일론 머스크가 오픈에이아이에서 손을 뗀 것이 2018년이다. 그런데 그즈음 인공지능 업계를 바꿔놓을 중요한 일이 있었다. 구글 브레인Google Brain에서 트랜스포머transformer(GPT에서 'T'에 해당)라는 딥러닝 모델을 발표한 것이다. 이를 사용하면 인공지능이 훈련과 개선을 무한히 반복할 수 있지만 문제가 있었다. 여기에는 엄청난 데이터가 필요하고, 이는 비영리 기업으로서는 감당하기 힘든 비용이 들어가는 작업이었다.

오픈에이아이는 2019년 중대한 결정을 내리고 '오픈에이아이 LP'라는 영리기업을 만들게 된다. 수익을 내지 않으면 가장 앞선 연구를 할 수 없었기 때문이다. 마이크로소프트MicroSoft가 10억 달러, 우리 돈으로 1조 3,000억 원의 돈을 투자한 것이 이 시점이다. 이것이 불쑥 우리 곁을 찾아온 것 같은 챗GPT가 탄생하게 된 배경이다. 마이크로소프트의 큰 투자가 없었으면 챗GPT는 우리를 놀라게 할 만한 성능을 갖지 못했을 가능성이 높다. 하지만 그런 투자를 받기로 한 데는 구글의 연구진이 만들어낸 트랜스포머가 있었고, 이는 긴 인공지능의 겨울을 이겨내고 살아남은 연구원들이 있었기에 나올 수 있었던 기술이다.

이렇게 찾아온 여름은 다시 투자자들을 흥분시키고 있다.

팬데믹의 특수가 끝나고 침체기에 들어간 실리콘밸리에서 벤처캐피털의 귀를 쫑긋하게 만드는 건 인공지능밖에 없다는 말이 나올 정도다. 이번 여름은 얼마나 지속될까? 지켜봐야 할 일이지만, 과거 두 번의 겨울을 부른 건 새로운 기술에 대한 지나친 약속과 기대에 미치지 못하는 성과였다는 사실만은 기억할 필요가 있다.

2장

역사상 가장 빨리
보급된 기술, 챗GPT

"속절없이 붕괴하고 있는 인간 고유의 영역들"

구본권
한겨레 사람과디지털연구소 소장

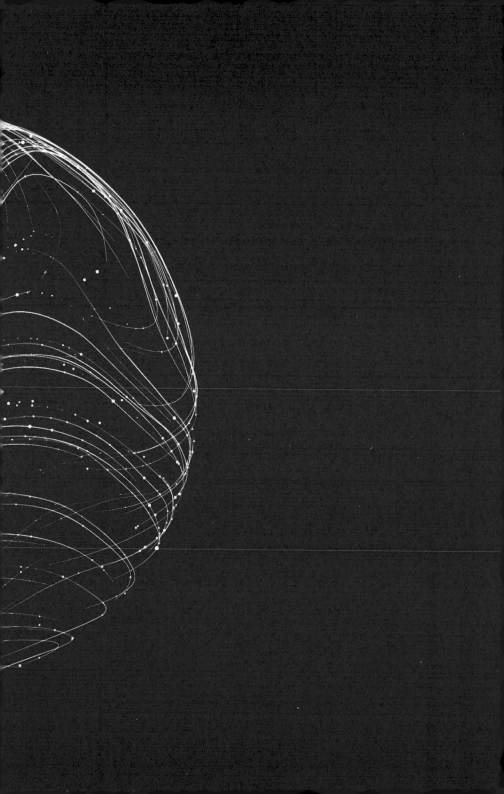

왜 챗GPT가 놀라운가?

대규모언어모델Large Language Models: LLM 기반의 대화형 인공지능 챗GPT의 기능과 적용 사례가 알려지면서 새로운 차원의 질문과 과제가 쏟아지고 있다. 오픈에이아이가 개발해 2022년 11월 30일 공개한 챗GPT는 석 달 만에 월 사용자 1억 명에 도달하며 역사상 가장 빨리 보급된 기술로 불린다. 오픈에이아이는 2023년 3월 멀티모달Multi-Modal 기능 등을 갖추고 월등히 개선된 GPT-4를 내놓았다. 2016년 구글의 딥마인드가 선보인 바둑 인공지능 알파고 때와 비교 안 될 정도로 전 세계 언론과 기술산업계, 일반 이용자들의 관심이 집중되고 있다.

생성형 인공지능을 활용한 이미지 창작 도구 달리2DALL-E2, 미드저니Midjourney, 스테이블 디퓨전Stable Diffusion 등에 이어 챗

GPT가 충격적으로 받아들여지는 까닭은 그동안 우리가 언어와 사고를 인간만의 능력으로 여겨온 까닭이다. 그런데 인공지능이 대규모언어모델을 통해 인간의 언어 능력을 배우고 인터넷의 방대한 자료를 학습해, 척척박사가 되어 나타난 것이다.

무엇을 물어보건 즉시 그럴듯한 답변을 조리 있게 구성해 내놓고, 문장만 입력하면 원하는 이미지와 자료를 만들어낸다. 인공지능 기반의 자동 번역 딥엘DeepL은 수십 장의 문서를 순식간에 원하는 언어로 정확하게 번역해낸다. 깃허브Github의 코딩 보조 프로그램 코파일럿Copilot은 노코딩No Coding, 로코딩Low Coding 차원을 넘어 코딩 기술 자체를 누구나 사용할 수 있는 보편 도구로 바꾸며 코딩 교육 무용론을 제기하고 있다. 최신 인공지능 모델이 수학능력시험, 변호사, 의사 등 각종 자격 시험을 우수한 성적으로 통과했다는 소식에 불안은 번지고 있다.

예술과 창작처럼 인공지능 시대에도 기계가 모방할 수 없는 '사람만의 고유한 영역'이 여전할 것이라고 기대해온 미래 예측이 속절없이 붕괴하고 있는 상황이다. 중요한 것은 갈수록 인공지능이 강력해지고 편리해져서, 많은 영역에서 인간의 작업과 구별되지 않을 것이라는 점이다. 현재 답안지나 기사 같은 글쓰기 영역에서 챗GPT의 결과물인지를 파악하는 하나의 잣대는 "오·탈자나 비문이 존재하는가"일 정도다. 인공지능은 사람처럼 오·탈자와 비문을 만들지 않기 때문이다.

챗GPT는 또 하나의 기술 UI

강력하고 편리한 도구의 등장을 비관할 일은 아니다. 더 강력
해지고 편리해지는 것은 기술과 서비스의 기본 방향이다. 현대
인은 갈수록 강력해지고 편리해지는 도구와 함께 살아야 할 운
명에 처해 있다. 현재 수준에서는 챗GPT와 같은 도구의 보편
화를 예상하면서 그 기술의 핵심적 특징을 이해하는 게 우선이
다. 대화형 인공지능은 대규모언어모델 기반의 인공지능을 이
용해 데이터를 출력하거나 작업을 지시할 수 있는 문턱이 낮
아짐을 의미한다. 기존에 해당 분야 종사자와 전문가들의 전
유물이던 영역이 앞으로는 인공지능을 활용할 줄 아는 만인에
게 개방되는 환경이 된다. 그래픽 유저 인터페이스Graphical User
Interface: GUI 방식의 윈도 운영체제가 등장하기 이전에는 디스크
오퍼레이팅 시스템disk operating system: DOS과 프로그래밍 언어를
아는 사람만 컴퓨터를 조작할 수 있었고 나머지는 '컴맹'이던
시절과 유사하다.

마이크로소프트 공동 창업자인 빌 게이츠는 2023년 3월

〈인공지능 시대가 시작되었다〉는 글에서 챗GPT가 GUI만큼 혁명적인 기술이라고 주장했다. 챗GPT를 다양하게 활용할 수 있게 응용 프로그램 도구Application Programming Interface: API와 플러그인이 쏟아지면서 인공지능 혁명은 임박한 현실이 되고 있다. 챗GPT를 업무 영역에 사용해본 사람들의 사례가 공유되면서 경탄과 불안은 입에서 입으로 번지고 있다.

프로그램 명령어를 몰라도 일상 언어로 강력한 인공지능을 조수처럼 부릴 수 있는 상황은 동화 속 세상을 떠올리게 한다. 프롬프트에 질문을 던지거나 요청하는 것은 마법의 주문을 외우는 것과 비슷해 보인다. 알라딘의 마술 램프, 해리 포터의 마법 주문처럼 희한한 요청을 하더라도 인공지능은 눈 깜짝할 새 답변을 내놓는다. 챗GPT로 하여금 '환각hallucination' 현상에 빠지지 않고 유용한 결과를 내놓도록 질문하는 기술을 다루는 신종 직업인 '프롬프트 엔지니어'는 마법학교에서 실수 없이 주문 외우는 법을 배우는 것처럼 여겨진다.

챗GPT 시대에 마법 주문 외우는 법을 익히는 것은 얼마나 유용할까? 프롬프트 엔지니어는 인터넷 초기의 정보검색사와 같은 운명이 될 거라는 전망이 많다. 자연어 검색 기술이 발달하면서 정보검색사는 금세 사라졌다. 정보사회에서 검색 능력은 필수적이지만, 조작 기법이 단순해져서 문턱없는 보편 도구가 된 까닭이다.

앞으로 누구나 인공지능을 도구로 활용하는 세상이 되면 어떤 일이 벌어질까? 인터넷 대중화 이후 생긴 변화를 참고할 만하다. 인터넷 이후엔 지난날 전문가에 묻거나 도서관을 이용해야 접근할 수 있던 정보와 노하우를 누구나 손 안에서 이용할 수 있게 되었다. 지금은 궁금한 게 있는데 어디에 가면 상세한 정보가 있을지 막막하거나 도무지 방법을 찾을 수 없는 경우는 극히 드물어졌다. 무엇이든 적절한 검색어를 입력하고 찾아낸 정보를 분석해낼 줄 알면 전문가 수준의 지식에 도달할 수 있는 길이 열렸다. 하지만 검색과 모바일 인터넷이 대중화되었다고 해서 모든 사람이 특정 분야의 전문가나 달인이 되지는 않았다. 오히려 활용 능력 여부에 따라 격차가 커졌을 따름이다. 과거보다 편리하고 강력한 루트가 열렸다는 사실이 만인을 그 길의 현명한 이용자로 만들지는 않는다. 챗GPT는 마치 인터넷 검색처럼 전에 없이 강력하고 편리한 도구가 우리 손에 주어졌다는 것을 의미한다. 도구 사용 능력을 배우는 것 못지않게 그 도구를 어떤 영역에서 어떤 목적에 이용할지가 중요해지게 된다.

기계가 만든 허위정보의 시대

생성형 인공지능으로 어떠한 변화가 닥칠지 전망하긴 어렵지만, 지금과 차원이 다른 수준의 변화와 놀라운 일이 상시적으로 일어나는 '충격의 연속'이 일상이 될 것이라는 점만은 분명하다. 현재 드러난 챗GPT의 특성중 주목할 게 두 가지 있다.

하나는 챗GPT는 강력한 생산성 향상 도구지만 기본적으로 기존 지식을 요약하고 정리해서 답변해준다는 점이다. 다시 말해, 새로운 사실과 관점을 밝혀내는 게 아니라, 보편적으로 수용되거나 확립된 사실과 관점을 깔끔한 논리와 문장의 형태로 출력하는 도구일 뿐이다. 또 다른 특성은 챗GPT는 사실 확인을 하지 않고 부정확한 사실이나 잘못된 사실도 확신하는 문구와 표현으로 출력물을 내놓는다는 점이다. 이는 사용자의 개입이나 최종적 선택, 책임의식 없이는 무용지물이거나 부작용이 더 클 '위험 기술'이 될 수 있다는 것을 의미한다.

이런 특성은 모두 기존 데이터를 통해 학습하는 인공지능의 기본 속성이다. 채팅 로봇 테이Tay나 이루다가 문제된 사례 혹은 각종 알고리즘이 인종·성별 편향으로 비판받은 것과 마찬가지다. 챗GPT의 이러한 특성은 오히려 인공지능 기술의 한계를 드러내며, 미래 사회에 무엇이 진짜 중요한 과제인지를 알려준다.

생성형 인공지능은 단지 효율성을 높이는 도구를 뛰어넘는다. 상상하는 대로 구현해주는 편리한 도구라는 점에서 생성형 인공지능은 창의성이 폭발하는 인공지능의 캄브리아기를 열었다는 평가를 받는다. 오픈에이아이 최고경영자 샘 올트먼이 "인공지능이 사회를 재구성할 것인데 이는 약간 두려운 일"이라고 인터뷰한 대로, 창의성 폭발은 축복인 동시에 재앙이 될 수 있다.

창작 능력에서 포토숍과 동영상 편집 도구, 소셜미디어 수준을 훌쩍 뛰어넘는 챗GPT 시대는 생산성 향상과 함께 인류 사회가 일찍이 경험하지 못한 가상과 허위, 조작의 시대를 불러올 수 있다. 챗GPT는 거짓 정보를 만드는 비용을 0에 가깝게 만들었다. 미국의 컨설팅 업체 가트너Gartner는 2017년 〈미래 전망 보고서〉에서 "2022년이 되면 선진국 대부분의 시민들은 진짜 정보보다 거짓 정보를 더 많이 이용하게 될 것"이라고 예측했는데, 챗GPT로 인해 현실이 되었다. 구글, 페이스북, 테슬라, 바이두 등 거대 기술 기업들이 챗GPT와 경쟁하기 위해 유사한 인공지능을 출시하고 널리 쓰이게 되면, 효율적인 도구가 등장하는 만큼 인터넷은 허위 정보와 합성 데이터로 넘쳐나게 된다.

챗GPT가 사실이 아닌 내용을 사실로 포장해 결과물을 출력하는 기술이라는 점은 이용자가 사실 검증자의 역할과 그에 대한 책임을 지는 역할을 해야 한다는 것을 의미한다. 사실과 신뢰성을 검증할 수 있어야 그 결과물을 제대로 활용할 수 있다. 비판적 사고와 검증 능력이 챗GPT 환경에서 핵심 역량이 되는 이유다. 하지만 인간의 인지 능력은 24시간 무한 기계학습Machine Learning을 하는 인공지능 기술과 달리 거의 진화하지 않는다. 사람은 성장기 때 교육과 학습을 통해 형성한 인지 방식과 사고 구조를 변화한 환경에 맞게 업그레이드하기를 꺼리는 '인지적 구두쇠' 속성을 지니고 있다. 심리학자 애덤 그랜트Adam Grant는 《싱크 어게인》에서 "대상이 물건일 때 사람들은 열정을 다해 업데이트하지만 대상이 지식이나 견해일 때는 기존의 것을 고집하는 경향이 있다"고 말한다. 인간이 개발한 도구는 인간의 지능 수준을 넘어설 정도로 똑똑하고 강력해졌지만 그를 사용하는 인간은 똑똑한 도구에 압도당할 우려가 제기되는 상황이다. 호모 파베르Homo Faber의 역설이다.

호모 파베르는 도구의 개발사에서 가장 강력하고 편리한 도구를 만들어내는 데 성공했다. 인간의 지적 결함을 보조하고 인지적 수고를 덜기 위해 지적 기능을 수행할 수 있는 똑똑하고 편리한 디지털 기술이다. 인지, 이해, 판단, 창작 등 다양한 인간의 지적 기능까지 수행할 수 있는 인공지능이 등장하게 되었다. 조작의 주체와 작동 구조를 알 수 없지만 항상 뛰어난 효율성을 보이는 인공지능의 결과물도 활용할 수 있게 되었다. 사람이 일일이 개입하지 않고도 편리하고, 강력하고, 효율성 높은 결과물을 이용할 수 있게 되었다.

마법의 시대에 귀담아야 할 '세 가지 소원'

생성형 인공지능의 등장은 기존의 교육 방식, 평가와 보상 체계, 업무 처리, 창작 관행에 일대 혁신을 가져오며 근본적 차원의 재설계와 구조 개편을 요구하고 있다. 신기술을 효율성 제고와 생산성 향상에 활용하려는 목적에 따라 개인과 사회는 적극적인 수용과 활용 욕구를 갖게 된다. 경쟁적으로 기술 따라잡기가 각계에서 이뤄지고 있다.

하지만 생성형 인공지능이 던지는 핵심적 과제는 개인과 사회의 기술 따라잡기 차원에서의 수용과 학습 차원을 넘어선다. 거대한 피해를 유발할 수 있는 위험 무기를 누구나 지니게 된 상황에서는 각 개인이 무기 사용법을 능숙히 익히는 것으로 충분하지 않기 때문이다. 챗GPT처럼 뛰어난 언어 능력을 갖춘 인공지능이 각종 서비스와 제품에 보편적으로 적용되는 환경에서 사람들이 인공지능의 속성과 위험성을 인지하지 못하면 피싱과 사기로 인한 피해가 더욱 커지게 된다. 컴퓨터 프로그램이나 인공지능에 속거나 피해를 입지 않으려면 대중이 인공지능의 작동 방식과 한계에 대해 알아야 한다. 또한 개인적 차원의 활용 교육과 책임 의식 고취를 넘어서 사회적 차원의 위험 대비책과 규제 방안이 필요하다.

그중에서도 무엇보다 시급한 것은 인공지능 기술이 가져온 거대한 변화와 그 영향력을 사회 구성원 전체에게 필수적인 시민 역량으로 간주하고 교육하는 일이다. 이른바 '인공지능 리터러시 교육'이 필요한 이유다. 특히 잘못된 정보를 매끄러운 표현으로 만들어내는 인공지능에 대한 비판적 사고 능력을 가르치는 게 요구된다.

챗GPT로 인한 충격은 언어라는 인간 고유의 지적 도구를 조작법으로 삼은 데 기인한다. 《사피엔스》의 저자 유발 하라리 Yuval Harari는 2023년 3월 〈뉴욕타임스〉 기고한 글에서 "태초에 말씀이 있었듯, 언어는 인간 문화의 운영체제"라며 언어에서 신화와 법, 신과 국가, 예술과 과학, 돈, 컴퓨터 코드가 나온다고 말했다. 인공지능이 대규모언어모델 학습을 통해 기계어가 아닌 인간 언어의 달인이 됐다는 것은 기기 조작 수단의 차원을 뛰어넘는다. "인공지능의 새로운 언어 숙달은 이제 문명의 운영체제를 해킹하고 조작할 수 있음을 뜻한다"는 게 하라리의 경고다.

챗GPT와 동화 속 마법을 비교하자면 빼먹지 않아야 할 이야기가 있다. 소중한 마지막 소원을 몸에서 소시지를 떼어내는 데 쓸 수밖에 없었다는 '세 가지 소원' 우화다. 마법처럼 강력한 기술을 누구나 자유로이 쓸 수 있는 환경에서 중요한 것은 그 힘을 어디에, 무엇을 위해 사용해야 하는가의 문제이다. 누구나 자신에게 가장 소중한 것에, 자신이 가장 욕망하는 것에 강력한 도구를 활용하게 될 것이기 때문이다. 생성형 인공지능이 생산성 향상과 창의적 도구로 쓰이는 사례만큼이나 어뷰징과 사기, 범죄와 혼란에 동원되는 경우가 늘어날 수밖에 없다.

인터넷과 소셜미디어 누구나 욕망을 이루기 위해 가장 강력한 도구를 동원할 수 있는 상황이 된 만큼 개인적·사회적 차원에서 어떠한 조정 원칙과 통제 체계를 마련해야 하는지가 핵심 과제가 된다.

3장

의료 현장의
챗GPT 지각변동

"단순 업무가 줄어들면,
의사와 환자의 관계는 개선될까?"

조동현

서울대학교 의과대학 해부학교실 조교수

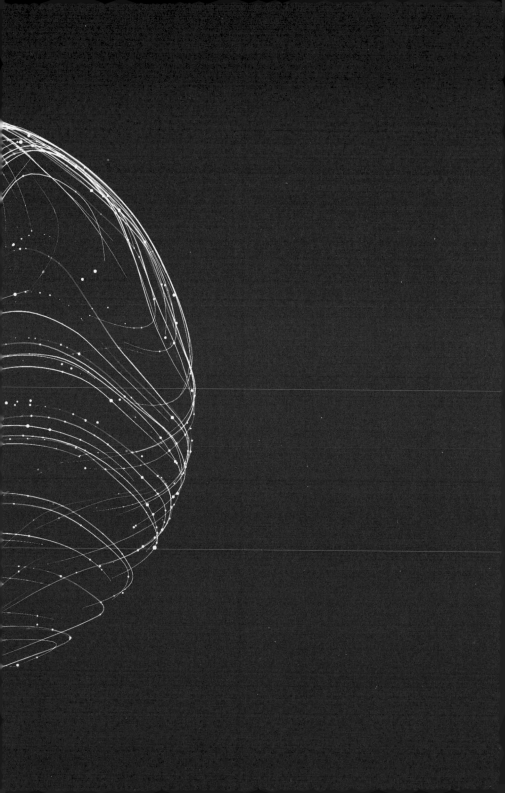

챗GPT가 의료계에 준 충격

인공지능은 이미 의료의 많은 영역에 들어와 있다. 간단한 문답을 할 수 있는 챗봇이 의료 관련 어플리케이션에 장착되어 있고, 컴퓨터단층촬영computed tomography: CT이나 자기공명영상magnetic resonance imaging: MRI을 통해 병변의 위치를 찾는 데에도 인공지능이 활용된다. IBM의 인공지능 기반 진료 보조 시스템인 '왓슨Watson'이 국내에 최초 도입된 것이 2016년으로, 벌써 7년 전의 일이다.

의료 분야에서 인공지능은 이미 익숙하지만, 챗GPT는 큰 충격을 주었다. 어떠한 질문에도 그럴듯하게 사람처럼 답을 제시하는 대화형 인공지능인 챗GPT는 완전한 제품의 형태로 대중에게 무료로 공개되면서 파급력이 더 컸다. 이를 반영하듯,

출시된 지 세 달 만에 챗GPT에 대한 50여 편의 글이 의학 저널에 게재되었다. 낙관과 우려를 오가는 의견이 나오고, 활용 방법에 대한 탐색이 이어졌다.

의학과 의료는 크게 교육, 연구, 진료의 세 영역으로 나눌 수 있는데, 챗GPT는 이 세 영역 모두에 영향을 줄 것이다. 챗GPT도 잘 알고 있다. 확실하게 알지 못하는 주제가 있을 때 챗GPT에게 물어보면 실마리를 얻기 쉬운데, 미국 펜실베이니아 대학교의 데이비드 애쉬David Asch 교수도 같은 전략을 택했다.[1] 그는 "챗GPT가 의료에 어떻게 기회가 될까?" 혹은 "챗GPT를 의료에 적용하려면 어떻게 해야 할까?" 등의 질문을 챗GPT에게 했다. 챗GPT 역시 의학 교육과 연구, 그리고 실제 환자 진료에서 챗GPT를 포함한 대화형 인공지능이 역할을 할 것이라고 대답했다. '챗GPT가 의학, 의료에 미치는 영향'을 알려 달라고 챗GPT에게 직접 물어보아도 비슷한 답변을 얻을 수 있다. 직접 한번 질문해볼 것을 권한다.

진료 영역에서의 활용 가능성

진료 영역에서 챗GPT 등 대화형 인공지능은 진료를 보조하는 도구로 활용될 가능성이 있다. 의료기관 간에 환자를 의뢰할 때 사용되는 진료의뢰서나 환자에게 제공되는 안내서를 작성하는 데 챗GPT는 일정 수준 이상의 실력을 발휘했다.[2] 챗GPT는 대규모언어모델에 기반하고 있는 만큼, 기본적으로 글자를 다루는 데 능숙하다. 그렇기 때문에 병원에서 있었던 일을 정리하고 언어로 된 지침을 제시하는 데 도움을 줄 수 있는 것이다.

또 챗GPT는 환자와 의사 사이의 문진 과정을 토대로 의무기록을 작성하는 일도 적절하게 수행했다.[3] 같은 논문에서 마이크로소프트 리서치Microsoft Research와 뉴언스 커뮤니케이션스Nuance Communications의 연구진은 환자의 증상을 챗GPT에 알려주고 진단에 필요한 정보를 요구했는데, 이 역시 괜찮은 수준이었다. 이와 같은 방식으로 대화형 인공지능은 환자-의사 관계의 효율성을 높여줄 수 있다. 보통 의무 기록을 작성하거나 증상을 정리하는 일은 시간과 노력이 꽤 든다. 챗GPT가 이를 줄여줄 수 있는 것이다. 또 다른 맥락에서, 일반인이 심혈관 질환을 예방할 수 있는 방법을 물어보는 상황을 가정하고 25개의 질문에 대한 답을 얻은 후에 심장 분과 전문의가 평가하는 연구에서도 챗GPT는 21개의 질문에 대해서는 적절한 답을 했다.[4] "몸무게를 어떻게 줄일 수 있지?", "담배를 끊으려면 어떻게 해야 해?"와 같은 일반적인 질문에서부터 "콜레스테롤을 높이는 유전자 변이가 뭐야?"라는 다소 전문적인 질문까지 챗GPT는 도움이 될 만한 답을 할 수 있었다. 그리고 2022년 12월 당시 부적절한 답변을 했던 "건강을 유지하려면 얼마나 운동을 해야 해?"나 "심장질환을 예방하려면 유산소 운동과 중량 운동 중 무엇을 해야 해?"와 같은 질문에 대해서도 이제 GPT-4는 적절한 답변을 했다. 이러한 질문은 챗GPT가 꽤 답을 잘하는 것들이다.

필자는 아이들의 눈에 생기는 암인 망막모세포종을 진료하는 의사과학자이다. 우리나라에서 1년에 20명 남짓한 환자가 새로 생기는 드문 병이라 그런지 인터넷에서 얻을 수 있는 정보가 제한적이다. 한글로 된 자료는 더욱 적어서 처음 진단된 아이들의 보호자들이 아쉬워했다. 이제는 챗GPT를 통해 "망막모세포종이 뭐야?"라는 질문만으로 꽤 그럴듯한 답을 들을 수 있다. 영어로 "What is retinoblastoma?"라고 질문하면 조금 더 나은 답을 얻기도 한다. 챗GPT의 학습에 한글 등 다른 언어보다 영어로 된 자료가 훨씬 더 많이 사용되었기 때문이다. 중간중간 틀린 내용이 있지만, 개괄적인 정보를 얻기에는 충분하다. 그 이후에는 "진단 방법이 뭐야?"나 "치료 방법이 뭐야?"라는 식의 꼬리에 꼬리를 무는 질문을 통해 추가 정보를 얻을 수도 있다. 꼭 맞는 답만 한다는 법이 없어서, 주요 내용의 경우 의료진의 확인을 받는 것이 필요하다. 그래도 질환에 대한 일반적인 정보를 얻는 데에는 의료진이나 환자, 또는 일반인 모두에게 챗GPT는 효율적인 방법이다.

의학 교육과 연구의 보조 역할

의학 교육과 연구 역시 대화형 인공지능으로 효율성을 높일 수 있는 분야이다. 미국의사면허시험United States Medical Licensing Examination: USMLE을 챗GPT가 통과했다는 것이 한동안 뉴스가 되었다.[5] 특히, GPT-4의 경우 시험 문제에 대한 답을 할 뿐만 아니라 문제 풀이 과정의 논리까지 제시할 수도 있었다.[6] 챗GPT가 문제 풀이를 잘하는 것 자체가 의학 교육에 도움이 되는 것은 아니다. 다만 대화형 인공지능이 질환과 관련된 데이터셋dataset을 포함하여 학습을 했을 때 질환의 맥락을 이해할 수 있다는 것을 보여준다. 이를 기반으로 의학을 공부하는 학생들은 모의 환자를 연기하는 대화형 인공지능과 실제 환자를 대하듯 병력을 청취해볼 수 있다. 또 의학 지식을 얻고자 하는 사람이라면 누구든지 망막모세포종의 사례에서처럼 계속되는 질문을 통해 새로운 지식을 쌓을 수 있을 것이다.

연구와 관련해서는 챗GPT가 발표된 초기에는 논문을 모두 대신 써주는 식으로 이 기술을 남용할 가능성에 대한 우려가 많았다. 대화형 인공지능이 워낙 그럴듯하게 말을 지어냈기 때문이다. 다만, 스프링어네이처Springer-Nature나 엘제비어Elsevier와 같은 유수의 저널을 출판하는 출판사에서 챗GPT를 논문의 저자로 포함시키지 않겠다는 지침을 발표하면서 그와 같은 우려는 다소 꺾였다. 또, 새로운 연구 주제를 제안할 수 있다는 점에 대한 열광도 있었지만, 이 역시 시들해졌다. 현재로서는 대화형 인공지능을 학습시키는 데 몇 개월 이상의 시간이 필요하고, 챗GPT 역시 2021년 11월 이전의 데이터를 기반으로 학습되었기 때문이다. 문헌을 요약 및 정리하고, 연구 자료를 분석하는 쪽에서 파급력을 가질 가능성이 있다. 모든 분야의 연구가 그러하듯이 의학 연구도 해당 분야의 기존 문헌을 파악하는 것이 연구 진행의 기본이다. 어느 수준 이상의 통찰을 얻기 위해서는 다양한 문헌을 탐색하는 것이 필수적인데, 대화형 인공지능이 이에 필요한 시간과 노력을 줄여줄 수 있을 것으로 기대된다.

의학적 판단을 할 때는 기본적으로 위험과 이득을 따진다. 실보다 득이 크다면 그 선택은 정당하다. 대화형 인공지능을 의료에 도입할 것인가? 이에 대한 판단 역시 마찬가지다. 완벽한 의료 기술 및 치료제는 없다. 부작용이 있더라도 치료로 인한 이득이 명백하고 그 위험을 감수할 수 있다면 치료하는 것이 현대 의학의 원칙이다. 다만, 이러한 원칙을 지금 당장 챗GPT에게 적용하기에는 너무 이른 감이 있다. 아직 챗GPT는 의료에 바로 도입되기에는 부족한 기술이다.

잘 알려진 것처럼, 챗GPT는 의료 영역을 특정하지 않고 전반적인 영역에 걸친 웹페이지, 책, 기사 등을 토대로 기계 학습을 진행했다. 지금까지 탐색된 활용 예들은 놀랍기는 하지만, 아직 의료 각 분야의 전문가 수준은 아니다. 사람들은 챗GPT가 본인의 생각이나 입맛에 맞는 답변을 하면 열광하지만, 정확도가 아주 높은 것도 아니다. 특히 의료의 경우, 잘못된 정보나 판단은 환자의 안전을 위협하기 때문에 문제가 된다. 오류가 발생하여 의학적 판단이 잘못 이루어진다면 이때 책임은 누구의 몫일까?

지금과 같은 발전이 계속된다면 챗GPT 등 대화형 인공지능을 의료진이나 환자, 일반인 모두 더 많이 사용하게 될 것이다. 개인적인 문서 작성이나 정보 검색에도 많이 활용되고, 의료와 관련된 양질의 자료로 구성된 데이터셋으로 학습된 대화형 인공지능도 등장할 수 있다. 그 전에 의학적 판단을 모두 대화형 인공지능에 맡길 수 있는지에 대한 진지한 고민이 필요하다. 만약 지금과 같이 보조적 수단으로 한정한다면 전자의무기록이나 심전도 자동 판독과 같이 책임은 의료진에게 한정될 것이다. 최종적인 판단은 여전히 의료진, 즉 사람에게 맡겨지기 때문이다. 반드시 맞는 말만 하는 것은 아니고, 때로는 그럴듯한 거짓말을 하는 환각 현상을 기술적으로 보완하면서 발전시키는 작업은 그래도 있어야 한다. 또, 정보를 제공하면서 출처나 근거를 밝히지 않으면 판단이 매우 어렵기 때문에, 이 부분에 대한 보완도 필요하다. 현재 챗GPT는 GPT-4도 정확한 근거를 제시하는 데 실패하곤 한다. 음성-텍스트voice-to-text 및 텍스트-음성text-to-voice 전환과 같이 음성 기반으로 대화형 인공지능과 대화를 하는 방식으로 실제 의료 업무 환경에 적응하기 위한 노력도 도움이 될 것이다.

대중 참여와 숙의를 통한 보완

대화형 인공지능이 더 주도적인 역할을 하려면 어떤 조건이 만족되어야 할까? 기술을 개발하는 쪽에서 바라는 상황일 수 있겠지만, 만만치 않다. 우선, 의료진의 확인을 완전히 배제하려면 그에 맞는 정확성이 확보되어야 한다. 그러려면 제대로 된 데이터셋을 기반으로 학습이 이루어져야 한다. 그리고 현재 통용되는 의료 기술에 걸맞은 기준을 만족시키는 검증 과정이 필수적이다. 더 나아가 이를 만족하더라도 오류가 발생했을 경우 대화형 인공지능을 개발하고 유통시킨 회사나 기관에 책임을 물을 수 있는 법적 장치가 마련되어야 한다.

어느 쪽으로 챗GPT를 포함한 대화형 인공지능이 발전하더라도 그 방향이 단순히 기술을 개발하거나 이와 관련된 이익을 누리는 사람들에 의해 결정되는 것은 곤란하다. 대화형 인공지능이 의료에 더 많이 개입하면 할수록, 지금과는 의료 환경이 달라질 수밖에 없다. 지금까지는 새로운 의료 기술이 도입될 때 대중 참여public engagement와 숙의deliberation 과정이 크게 활성화되지 못했다. 현재 의료에 도입된 인공지능 역시 많은 사람들은 그 사정을 자세히 알지 못한다. 그러나 챗GPT 등 대화형 인공지능과 같이 의료의 지평을 바꾸는 기술이 도입될 때는 이와 관련된 이해 당사자들이 모두 참여할 수 있는 논의의 장이 마련되어야 한다. 챗GPT가 의료에 도입되려면 대중 참여가 꼭 필요할까? 이 질문에 대해 챗GPT는 답한다. 필수는 아니지만 윤리적인 문제를 짚어보고 신뢰를 쌓아 공정하게 적용하는데 도움이 될 것이라고. 대화형 인공지능을 어떻게 도입할지에 대한 논의를 위해 대중 참여를 이끌어내는 방법을 물어보면 10단계에 걸친 방법도 제시한다. 이제는 우리가 답을 할 차례이다. 챗GPT 등 대화형 인공지능이 더 발전하여 보편화되면 우리는 점점 답을 하는 방법을 잊어버리게 될지도 모르지만, 결국 모두가 이해당사자인 건에 대해서는 각자 깊게 고민하고 답을 할 필요가 있다. 모두에게 도움이 되게 챗GPT가 의료에 적용되는 것은 가능할까, 그렇다면 그 방법은 무엇일까?

앞서 언급했듯이 필자는 나는 망막모세포종을 보는 의사이다. CT나 MRI 영상에 인공지능 분석이 꽤 도입된 지금도 망막모세포종 사진은 하나하나 사람이 비교한다. 눈 속의 망막 사진에 대한 인공지능 분석도 당뇨망막병증이나 녹내장과 같이 환자가 많아 수익성이 담보되는 분야에 우선적으로 진행되었다. 공정성을 높이면서 인공지능이 의료 영역에 적용될 수 있는 방식이 챗GPT와 대화형 인공지능이 본격적으로 도입될 때는 가능하기를 기대해본다. 또, 사람(의료진)이 해야 할 단순업무가 줄어들면서 사람과 사람, 즉 환자와 의사 사이의 관계에 인간적인 요소가 더 많아질 것이라는 기대도 있다. 하지만 이것은 과거 전자의무기록이 도입될 때도 제시되었던 효용이다. 꼭 그러한 방향으로 일이 진행되지는 않았다. 챗GPT와 관련된 긍정적인 전망은 실현되었으면 하는 바람이다. 결국 새로운 기술이 도입되어도 의료에 있어 그 환경을 바꾸는 것은 사람이다. 그래야만 한다.

4장

챗GPT는
기자가 될 수 있을까?

"저널리즘의 가치를 구현하는 심층 보도와

받아쓰기, 수익성 기사 사이에서"

금준경

미디어오늘 뉴미디어·정책팀 팀장

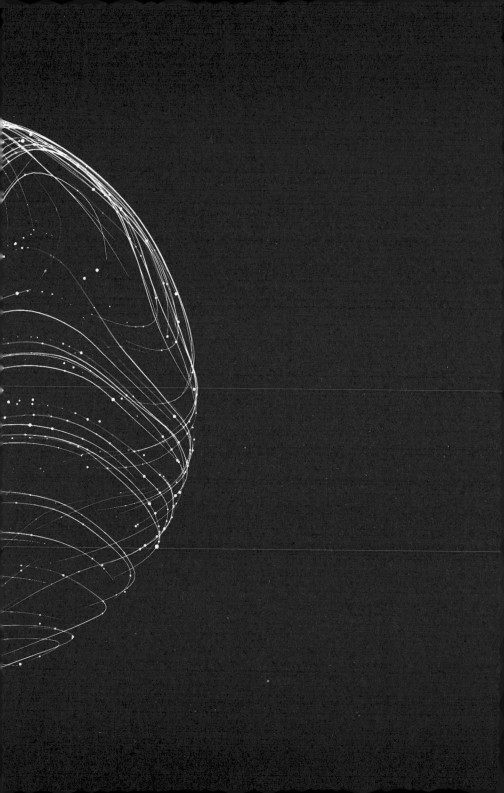

로봇 기자가 인간 기자를 대체할 수 있을까?

2015년 한국언론진흥재단이 기자 164명을 대상으로 "로봇 기자가 인간 기자를 대체할 수 있는지"를 물었는데, 응답한 기자들 가운데 11퍼센트만이 그렇다고 답했다. 당시에는 증권 시황 기사, 스포츠 중계 기사 등 '템플릿'에 데이터를 끼워 넣어 단순 조합하는 수준의 로봇 저널리즘이라 불리는 인공지능 기사가 많았다. 기사 내에서 사안의 중요성을 인공지능이 판단하는 경우도 있었으나 한계가 있었기에 '기사 작성'의 영역은 사람을 대체할 수 없다는 평가가 우세했다.

지금은 생성형 인공지능의 발전으로 상황이 달라졌다. 이제 인공지능은 논리적이고 완결성 있는 글쓰기를 할 수 있다는 점에서 기자를 대체할 수 있을 가능성을 보여준다. 미국의 IT 매체인 《시넷》은 2022년 11월부터 금융 서비스에 관해 인공지능이 작성한 기사를 77건 냈다. 인공지능이 기사 초고를 쓰면 사람이 보완해 출고하는 방식이었다고 한다. 조나 페레티Jonah Peretti 버즈피드BuzzFeed 최고경영자는 2023년 초 직원들에게 보낸 서한을 통해 "인공지능이 앞으로 버즈피드의 편집과 경영에 있어 더 큰 역할을 할 것"이라며 "15년 뒤에는 인공지능이 콘텐츠 자체를 만들게 될 것"이라고 전망했다.

형식적 측면만 보면 당장 챗GPT로 기사를 쓰는 데 어려움이 없다. 챗GPT가 보고서나 연설문을 그럴듯하게 써내는 것처럼 기사도 써낸다. 챗GPT 3.5버전에게 "챗GPT의 언론 활용에 대한 기사를 써달라"고 부탁하면 무리 없이 다음과 같은 기사문을 써낸다.

"AI 기술 발전에 따라 언론 분야에서도 AI 기술의 활용 가능성이 증가하고 있다. 특히, 오픈에이아이에서 개발한 챗GPT 같은 언어 모델은 많은 분야에서 활용되고 있다. 언론 분야에서는 챗GPT를 이용한 뉴스 기사 작성, 정보 제공, 주요 사건에 대한 분석 등에 활용할 수 있다. 또한 챗GPT는 대화형 인터페이스를 갖춘 뉴스 앱, 웹사이트 등에서 사용자의 질문에 대한 답변을 제공할 수 있어 사용자 경험을 향상시킬 수 있다. 언론 분야에서 AI 기술을 적극 활용하면서도 기술의 잠재적 문제점에 대한 고민과 대처가 필요하다."

인공지능 뉴스의 위험성

그러나 인공지능에 뉴스 제작을 맡기는 데는 우려의 목소리가 많다. 실은 《시넷》의 인공지능 뉴스는 혁신적인 실험의 일환이 아니라 비윤리적 행위가 발각된 것이다. 《시넷》이 인공지능으로 기사를 쓰면서도 이 사실을 제대로 고지하지 않은 점이 논란이 됐다. 더구나 인공지능이 작성한 기사에 사실관계가 틀린 내용이 적지 않았다는 점에서 비판을 받았다.

챗GPT를 포함한 인공지능 뉴스는 내용이 검증되지 않는다는 점에서 큰 결함을 갖고 있다. 챗GPT는 정보의 정확성 측면에서 업데이트가 되지 않은 최근 정보를 반영하지 못하는 점, 온라인 속 잘못된 정보를 그대로 인용하는 점, 인공지능의 '환각' 현상으로 인해 존재하지 않는 책, 보고서 등의 정보를 사실처럼 꾸며내는 점 등이 문제로 지목된다. 챗GPT에 뉴스를 맡길 경우 의도와 무관하게 잘못된 정보가 뉴스의 간판을 달고 확산될 우려가 있다.

생성형 인공지능은 의도적으로 허위정보를 유포하는 이들에게 강력한 도구가 될 수도 있다. 허위정보를 판별하는 기준 중 하나는 '전문적 글쓰기'와 관련이 있다. 카카오톡 등 메신저로 유포되는 속칭 '지라시'는 근거를 제대로 제시하지 않거나 문장력이 떨어지거나, 논리적 구성을 갖추지 않는다는 문제가 있다. 그러나 챗GPT가 작성한 글은 표면적으로는 완벽해 보이기에 구별하기가 어렵다. 그럴듯한 근거도 제시하는데, 직접 출처를 일일이 확인해보지 않는 한 실제 존재하는 논문이나 보고서인지 아닌지 알기가 힘들다. 생성형 인공지능을 활용해 진짜 기사 같은 허위 정보를 만들게 되면 검증은 더욱 까다로워질 수밖에 없다.

논의의 대상을 미드저니, 빙이미지크리에이터Bing Image Creator 같은 이미지 생성 인공지능으로 확장하면, 사진으로 된 허위정보(가짜 뉴스)는 이미 논란이 된 사례들이 있다. 도널드 트럼프Donal Trump 전 미국 대통령이 체포되는 듯한 모습을 담은 이미지가 확산된 경우가 대표적이다. 미드저니를 활용해 패러디 취지로 만든 이미지였지만 사실처럼 믿는 사람들이 생겨나면서 미국 언론이 사실 확인에 나설 정도였다.

생성형 인공지능 기술이 언론의 '저질 기사'에 활용될 우려도 배제할 수 없다. 포털 뉴스 유통 환경에서 다수의 한국 언론은 '클릭 경쟁'에 나서고 있다. 인터넷 커뮤니티에는 화제가 되는 글, 연예인의 가십, 정치인의 자극적 발언을 단순 인용하는 기사가 쏟아진다. 일부 언론사는 온라인 대응 전담 조직을 두고, 조회수가 높은 기사를 많이 쓴 기자에게 포상이나 인센티브를 주기도 한다. 이런 언론에 생성형 인공지능은 최적의 도구가 될 수 있다. 사람들이 주목할 만한 이슈에 대한 기사를 사람보다 빨리, 그리고 더 많이 써낼 수 있기 때문이다.

이런 우려 탓에 이미 포털은 로봇 저널리즘을 규제하고 있다. 2015년부터 여러 언론사가 증권 시황, 스포츠 기사 등에서 탬플릿에 뉴스 정보를 입력하면 자동으로 작성하는 방식의 로봇 저널리즘을 선보이자 양대 포털의 뉴스 제휴를 전담하는 기구인 뉴스제휴평가위원회는 인공지능 기사(자동 생성 기사)는 일반 뉴스 섹션에 배치하지 못하게 막는 규정을 마련했다. 관련 규정 도입 당시 포털이 기술 변화를 수용하지 못한다는 비판이 잇따랐지만 언론이 인공지능을 활용해 기사를 무한정 쏟아내는 것에 대한 문제의식에 따른 조치였다.

저널리스트의 도구가 되려면

생성형 인공지능 기술이 언론에 부정적인 영향만 미치는 것은
아니다. 오히려 취재와 기사 작성 과정에서 양질의 도구가 될
수 있다.

생성형 인공지능은 일반적인 문서 작성 과정과 마찬가지로
뉴스 기사 작성 과정에서 브레인스토밍에 도움을 줄 수 있다.
언론인이 기사를 작성하기 전 사전 취재 과정에서 사안의 전반
적인 흐름을 파악할 때 사용할 수 있다. 독자의 성향이나 연령
대 등에 따른 맞춤형 구성을 제안해줄 수도 있다. 언론인은 다
양한 문헌을 분석해 자료를 작성할 때가 많은데 생성형 인공
지능의 돋보이는 기능 중 하나인 '요약 기능'을 통해 문헌 분석
과정에서 시간을 단축할 수 있기도 하다. 최근 언론에도 '데이
터 분석' 분야가 주목을 받고 있는데, 취재 과정에서 데이터 분
석을 할 경우 코드나 데이터 분석을 요청해 취재에 편의성을
높일 수도 있다. 이미 발표된 내용을 정리하는 간단한 기사라
면 작성 자체를 맡겨도 큰 무리가 없다.

생성형 인공지능에게 '팩트 취재'를 맡기는 것은 제한적으
로 가능해 보인다. 환각 현상이 나타날 수 있다는 점에서 주의
가 필요하지만 언론인이 스스로 사실 확인만 적절하게 한다면

논란의 소지는 줄어들게 된다. 해당 분야를 오래 취재한 언론인이나 전문 기자가 인공지능 기술을 추가로 검수한다는 전제에서 '팩트 취재'를 맡길 수 있다.

기사 초고를 만든 다음의 후속 작업도 생성형 인공지능이 일정 부분 역할을 할 수 있다. 이미지 생성 인공지능 프로그램을 활용해 기사에 필요한 사진이나 일러스트를 제작할 수 있고, 맞춤법 검사나 기사 제목 작성 등의 역할도 가능하다.

취재와 탐사 보도의 중요성

생성형 인공지능이 기자를 비롯한 언론인을 대체하게 될까? 분명한 것은 '일부 기자' 혹은 '일부 업무'는 대체 가능하다는 점이다. 출입하는 기관이나 기업에서 내는 보도자료를 그대로 받아쓰는 기사나 정치인의 발언을 인용해 전하는 기사를 작성할 때 인공지능은 사람보다 탁월한 능력을 갖고 있다. 이런 역할을 하는 기자, 혹은 기자의 일 가운데 이런 업무는 조만간 대체 가능해질 전망이다.

챗GPT의 등장으로 인해 오히려 인공지능이 대체하기 힘든 영역이 부각되는 면도 있다. 챗GPT는 온라인 공간에 정보가 제공된 사안을 논리정연하게 정리하는 데 특화되어 있지만 일반적인 담론을 벗어난 새로운 담론을 만들어내기는 힘들다. 기존에 정립된 내용 외에도 새로운 사건에 주목하고 화두를 제시하는 것은 변함없는 언론의 역할이다. 현장을 취재하는 것도 인공지능이 대체하기 힘든 영역이다. 산불과 같은 재난 현장을 찾아가 상황을 생생하게 전하는 것은 언론과 언론인의 고유 역할이다.

사람을 취재할 수 있다는 점도 차이다. 미국의 IT 관련 매체 《인포메이션위크》는 챗GPT가 만든 '챗GPT 설명 기사'를 실제 언론 기사와 비교했다. 이 매체는 챗GPT 기사가 실제 기업에 어떻게 적용할 수 있는지를 다룬 이용자, 전문가들의 인용 문구가 없는 점과 '우려를 표명한 윤리학자'라는 언급을 하면서도 누가 어떤 우려를 표명했는지 직접 인용하지 않은 점을 지적했다.

인공지능이 대체하기 힘든 인간 기자가 쓸 수 있는 기사의 정점에 심층·탐사보도가 있다. 이를테면 수년 전 정권의 국정농단 사건과 같은 굵직한 보도는 기자가 취재원을 접촉하거나 제보자로부터 자료를 받고, 현장을 찾아 만들어낸 결과물이다. 고위 공직자 및 기업의 고위 관계자와 친분을 쌓아 세상을 뒤흔들 만한 문건을 받아낼 수 있는 것도, 제보를 주저하는 이들을 만나 보도의 공익성을 강조하며 사람을 설득하는 것도, 위장취업을 해 열악한 노동 현장의 모습을 담아내는 것도 사람 언론인 고유의 역할이다.

따라서 미래의 언론인에겐 인공지능이 대체할 수 없는 역할을 할 수 있느냐가 화두가 될 전망이다. 낙관적으로 전망하자면 지금도 언론인의 노동 시간의 상당 부분을 차지하는 단순 인용이나 받아쓰기 기사 작성을 인공지능에 맡기고 기자들은 심층 보도에 투자한다면, 저널리즘 가치를 구현하는 기사가 많아지고 사회에 이익이 될 수 있다. 반면 인공지능 기사를 통한 수익성에만 골몰할 경우 지금보다 더욱 심각한 저질 기사가 범람해 언론에 대한 신뢰 전반이 저하될 우려가 있다. 기술은 도구이다. 이 도구를 언론은 어떻게 활용할 것인가에 언론인의 업무는 물론 저널리즘 환경까지 크게 달라질 것이다.

5장

챗GPT-인공지능 시대, 출판의 미래

"콘텐츠의 생산구조를 깨트리는 인공지능과

편집의 창조성"

장은수

출판평론가

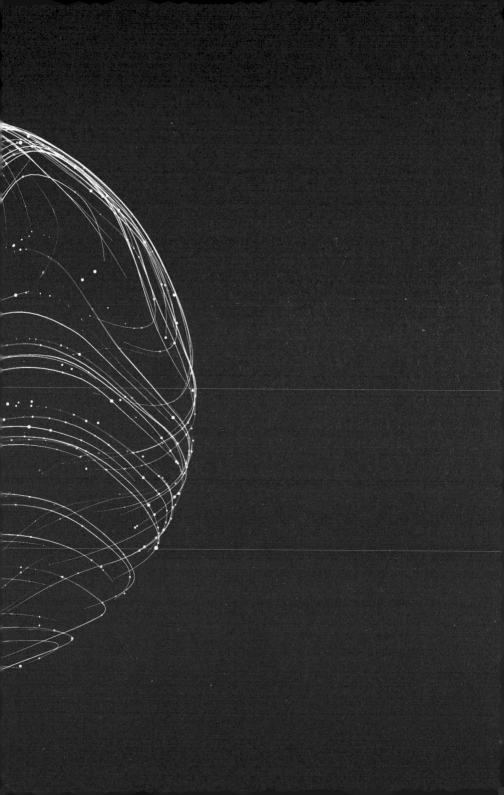

피할 수 없는 인공지능의 시대

인공지능의 시대다. 미국 미디어 사상가 케빈 켈리의 《인에비터블》에 따르면, 우리 시대는 홀로스Holos, 즉 인간의 모든 앎이 거대한 하나로 연결되면서 생겨난 초마음supermind의 시대로 접어들었다. 수십억 대의 휴대전화와 컴퓨터, 수백억 개의 사물이 연결돼 이루어진 이 행성 규모의 네트워크 지능은 왓슨, 알파고, 챗GPT, 딥엘 등 사회 각 분야에서 매력적인 인지 서비스를 제공하면서 기계지능과 인간지능의 협업을 일상화한다. 전기나 수돗물을 이용하듯, 의료, 금융, 교통, 재무 및 회계 등 일상 여러 영역에서 필요할 때마다 지구 마음(초마음)에 접속해 인지를 빌려 쓰는 활동은 이제 무척 자연스럽다.

작년 말에 서비스를 시작한 챗GPT는 전 세계 사회에 큰 충격을 던졌다. 미국 오픈에이아이가 개발한 이 대화형 인공지능은 2022년 12월 1일 대중에게 공개된 후, 두 달 만에 월 사용자 1억 명을 돌파하는 등 세계에서 가장 빠르게 성장한 앱이 되었다. 이전 기록은 아홉 달 걸린 틱톡이었다.

박상길의 《비전공자도 이해할 수 있는 AI 지식》에 따르면, 챗GPT는 초거대 언어 모델 GPT-3를 활용해서 만들었다. 챗GPT가 학습한 데이터는 무려 45테라바이트이고, 정제 데이터만 570기가바이트에 달한다. 사실상 인류가 축적한 모든 지식을 암기하고 있는 셈이다. 학습 데이터양이 너무 커서 인공지능이 한 번 학습하는 데만 120억 원 이상 비용이 든다고 한다.

그 덕분에 챗GPT는 사람이 직접 글을 쓴 것 같은 문장으로 각종 질문에 답한다. 무엇을 묻든 문장 형태로 상당히 정확한 답을 제공하는 것이다. 사용자가 콘텍스트와 예제를 제공하면 코딩도 하고, 주제와 자료를 주면 파워포인트 문서도 만들며, 적절한 자료를 넣으면 보도자료나 기사 등도 작성한다. 성능을 개선한 GPT-4가 나오면, 답변은 훨씬 정확해질 테다. 교육 현장에서는 학생들이 챗GPT로 작성한 과제를 제출할까 봐 우려의 목소리가 커지고 있다.

대화를 좋아하는 우리 마음의 습관

챗GPT의 가장 큰 특징은 채팅, 즉 사용자가 문답식 대화를 통해 필요한 지식을 찾아갈 수 있도록 인공지능의 사용자 경험을 혁신했다는 점이다. 인간은 다른 어떤 활동보다 수다 떨기를 좋아하고, 진실 여부와 상관없이 대화를 통해 알아낸 정보나 지식을 신뢰하는 마음의 습관이 있다. 더욱이 기존 검색엔진과 달리, 챗GPT는 검색 결과를 스스로 학습한 후 상당히 그럴듯하게 요약해서 제시한다. 정보가 넘쳐나는 세상에서 늘 피로에 젖어 있는 우리 마음은 인지적 지름길을 제공하는 듯한 서비스에 기꺼이 환호하는 중이다. 챗GPT가 단기간에 폭발적 인기를 끈 이유다.

번역하는 인공지능 딥엘은 독일 딥엘 SE사가 제공한다. '세계에서 가장 정확한 번역기'라는 소개 문구에 걸맞은 고품질 기계 번역 서비스를 제공하는데, 2017년 처음 출시됐다. 처음엔 영어, 독일어, 프랑스어, 러시아어 등 유럽 언어만 서비스했으나, 지금은 일본어, 중국어, 인도네시아어 등 아시아 언어로 서비스를 확장했다. 2022년 말, 한국어 서비스를 제공하면서 국내에서도 널리 인기를 끌고 있다. 현재 수준으로 보아서는 네이버 파파고, 구글 번역 등을 능가하는 번역 품질을 제공하는 듯하다.

상당히 높은 수준으로 글도 쓰고, 번역도 하는 인공지능의 등장은 출판산업에 큰 충격을 준다. 출판산업의 핵심에 해당하는 콘텐츠 생산 구조에 직접적 영향을 끼치기 때문이다. 이에 따라서《삶의 목적을 찾는 45가지 방법》,《챗GPT에게 묻는 인류의 미래》,《시를 쓰는 이유》등 인공지능을 저자로 활용하는 다양한 출판물이 쏟아지고 있다.《챗GPT에게 묻는 인류의 미래》에서 인지과학자 김대식의 질문에 챗GPT는 답한다.

우리는 지금 저와 같은 기계가 삶에 점점 더 통합되는 시대의 문턱에 있습니다. 문학, 예술, 대중매체 분야에서 기계 생성 텍스트와 이미지가 사용되기 시작하며, 이는 우리가 문화를 창조하고 소비하는 방식을 바꾸어 놓을 것으로 보입니다. 기계와 인간이 협업을 통해서 진정으로 새롭고 독특한 무언가를 창조하는 새로운 종류의 글쓰기가 등장하는 것을 목격할 수도 있습니다. 아니면 인간 창작물과 구별할 수 없는 작품이 급격히 많아지면서 자연과 인공의 경계가 모호해질 수도 있습니다. 그러나 결국 저를 비롯한 기계가 실제로 어떤 영향을 미칠지는 인간이 기계를 어떤 방식으로 활용할지에 달려 있습니다.

무난하고 적절한 대답이다. 이 정도라면 인간-기계 협업을 통한 새로운 콘텐츠 생산을 시도할 만하다. 《챗GPT 시대 글쓰기》에서 이세훈이 말하듯, 챗GPT 같은 작문 인공지능을 "작문 효율성과 효과를 개선하려는 작가에게 유용한 도구"로 충분히 이용할 수 있는 것이다.

번역자 없는 출판의 가능성

딥엘, 구글 번역, 파파고 같은 번역 인공지능의 급속한 발달은 번역서의 생산 구조 자체를 파괴할 가망성이 높다. 최근에 만난 한 라이선스 잡지사 사장은 딥엘을 활용해서 번역자 없는 출판의 가능성을 역설했다. 딥엘이 제공하는 초벌 번역 수준의 결과물을 원고 삼아 편집자가 적극적 교열을 통해서 번역 품질을 끌어올리는 방식의 작업 구조를 시험적으로 도입하겠다는 뜻이다.

번역 지능을 활용한 출판은 비용을 극적으로 줄여줄 뿐 아니라 작업 속도도 높인다. 아직 한국에선 유료 서비스를 제공하진 않으나, 딥엘은 한 달에 약 7만 5,000원을 내면 최대 20메가 분량의 문서 파일을 매달 100편까지 순식간에 번역해준다. 한국 출판사 다수가 한 해 열 권가량 책을 내는 걸 생각할 때, 문학 작품 등 고차적 언어를 사용하는 일부 책들을 제외하면, 번역서 상당 부분에서 인공지능이 도입이 활발해질 게 틀림없다.

반대로, 콘텐츠 수출에도 유리하다. 번역 지능을 활용하면, 현재 출판산업의 한 특징인 지역적, 언어적 장벽은 사실상 무너진다. 책의 번역본을 빠르게 다른 언어로 생성해 전 세계 독자에게 제공할 수 있기 때문이다. 이는 펭귄랜덤하우스, 하퍼콜린스 같은 슈퍼 자이언트 출판사들의 세계 시장 지배력을 높이고, 이와 제휴하는 번역 출판의 급격한 쇠퇴를 가져온다.

번역지능과 출판의 만남은 동시에 소수자 출판을 융성하게 한다. 고유한 내용과 독특한 개성을 확보하는 한, 어떤 책도 다국어 번역을 이용해서 만족할 만한 독자를 찾을 수 있다. 전 세계 인구를 독자로 상정하면, 극히 좁은 관심사를 다룬 콘텐츠라도 충분한 숫자의 독자가 있을 가망이 높은 까닭이다. 케빈 켈리가 초연결 시대를 '비非베스트셀러의 시대'라고 부르는 이유다. 번역지능과 출판의 만남은 더 다양하고 더 다채로운 콘텐츠의 풍요를 가져온다.

출판의 곳곳에서 활약하는 인공지능

챗GPT와 딥엘 덕분에 비로소 일상적 영역에 들어섰으나, 사실 인공지능과 출판산업의 만남은 전자책 도입 이후 업계에서 가장 활발히 논의해온 주제였다. 기획과 편집, 교정과 교열, 제작과 배포, 독자 분석과 마케팅 등 출판산업 곳곳에서 인공지능을 활용하는 사례도 꾸준히 증가해왔다. 아마존 같은 온라인 서점이, 넷플릭스나 스포티파이와 마찬가지로, 인공지능과 빅데이터 분석에 바탕을 두고 추천 서비스 등을 운영한다는 것은 이미 잘 알려져 있다.

2019년 독일 경영 컨설팅 회사 굴드 핀치는 프랑크푸르트 북페어 조직위와 함께 〈인공지능이 출판산업의 미래에 미치는 영향〉이라는 보고서를 발간했다. 이 보고서는 전 세계 17개국 233명의 출판사 경영자와 편집자를 대상으로 여섯 달에 걸쳐서 실시한 설문조사의 결과를 담고 있다. 보고서를 작성한 콜린 로브리노비치는 선언적으로 말한다. "인공지능이 미래 출판산업에서 성공의 필수 열쇠라는 점은 의심의 여지가 없다."

조사에 참여한 출판 전문가 대다수도 인공지능이 출판의 미래에 강한 영향을 미칠 것이고, 그 중요성이 서서히 커지리라고 이야기했다. 참여 출판사 중 25%는 이미 인공지능에 투자했고, 그 증가 추세 역시 뚜렷했다. 미래 출판산업에서 인공지능의 중요성, 즉 인공지능 관련 투자가 출판 효율성을 끌어올릴 뿐 아니라 새로운 비즈니스 기회를 창출할 것을 모르는 사람은 드물었다. 인공지능은 출판 프로세스를 개선하고, 작업속도를 높이며, 편집 및 제작 워크플로를 관리하고, 홍보 전략을 개선할 기회를 제공하기 때문이다.

스스로의 세계를 체험하는 언어

그러나 기술에 대한 직접 투자는 출판산업이 잘하는 일이 아니라는 점도 전문가들은 이해하고 있었다. 이들은 대규모 투자에 따른 불확실성과 위험, 최적 서비스 구현에 적합한 동업자나 협력자 찾기의 힘겨움을 커다란 어려움으로 제시했다. 홀거 폴란트 프랑크푸르트 북페어 부사장은 말했다. "출판 시장의 고유한 문화적 특성을 존중하면서 새로운 기술을 통합하는 일은 어려운 과제이다."

여기서 '고유한 문화적 특성'이란 극히 섬세하고 예리하며, 개성적이고 다양성을 존중하는 면모를 일컫는다. 로봇 글쓰기는 이와 반대로 작동한다. 이미 익숙하고 비슷비슷하며, 몰개

성적이고 무척 일반화한 글들이 대다수이다. 김대식의 말처럼, "3,000억 개 넘는 문장을 학습"했더라도, 챗GPT는 결국 새로운 문장을 만드는 게 아니라 "미리 학습된 문장들 사이의 확률 패턴을 재조합"한 문장들을 쏟아낼 뿐이다.

인공지능은 스스로 세계를 체험하지 못하고, 의미나 가치를 알지 못하며, 의견이나 견해를 가지고 있지 않다. 인공지능의 글쓰기는 언어에서 일정 패턴을 찾아낸다는 점에서는 인간 언어와 유사하지만, 새로운 단어나 개념을 발명하고 비유나 상징을 찾아내는 등 자기 고유의 체험을 독특한 언어로 의미화하려 하지 않는다는 점에서 인간 언어와 조금도 닮지 않았다.

한마디로, 챗GPT의 글쓰기는 신기할 뿐, 전혀 새롭지 않다. 신기함이 잦아들고 나면, 아마 특정 주제에 관한 글의 밑재료 이상을 제공하지 못할 테다. 기껏해야 제품 설명, 사실 보도 같은 단순한 글쓰기나 고객 서비스를 위한 반복적 대답 등 매력은 없으나 필수적인 글들을 대규모로 자동화하는 정도일 것이다.

내용 협업으로 나아갈 편집의 고도화

그러나 챗GPT 같은 생성형 인공지능이 출판산업에 가져올 충격을 무시할 이유 또한 별로 없다. 생성형 인공지능은 무엇보다 진입 장벽을 낮추어 글쓰기를 민주화한다. 적당한 내용에, 평균에 수렴하는 솜씨를 갖춘 문장을 만들어주는 보조지능이 있다면, 날카로운 문제의식은 있으나 쓰기 능력이 다소 부족한 사람들, 지식과 경험 등은 갖추었으나 언어 능력이 떨어지는 이들이 콘텐츠 비즈니스에 도전하기 쉬워진다. 가령, 번역 지능을 활용하면 누구라도 영어, 중국어, 스페인어 등 전 세계 주요 언어로 쉽게 소설을 쓰거나 책을 펴내 거대 시장에 뛰어들 수 있는 것이다.

아울러 생성형 인공지능의 존재는 글쓰기 속도를 빠르게 끌어올린다. 주어진 자료를 분석해 자동으로 제시하거나 관련 논문이나 책의 핵심 내용을 요약해서 제공하고, 데이터를 추출해 표나 도표를 그려주는 등 다양한 형태로 인간 작업을 줄여주기 때문이다. 이는 콘텐츠 작성 프로세스를 간소화하고, 작가나 출판사가 더 많은 콘텐츠를, 더 빠르게 제작할 수 있도록 이끈다.

아울러 과학 논문을 제시한 후 그 내용을 학술 기사 같은 일상적 글쓰기 스타일로 쉽게 전환하거나, 똑같은 내용을 여러 문체로 시험한 후 사용자 선호도에 따라 문장을 작성하는 등의 방식으로 개성적 글쓰기에 접근할 수도 있을 테다. 이러한 잠재성이 비판적 사고를 갖춘 인간 창의성과 잘 결합한다면, 아마도 생성형 인공지능은 더욱더 다양한 목소리가 출판에 자유롭게 참여하도록 함으로써 출판의 소수성을 강화할 것이다.

그러나 인공지능과 출판산업의 만남이 직접 피부로 다가올 부문은 편집 작업 쪽에 있다. 편집은 좋은 원고를 발굴하고 선택하며, 원고를 수정하고 보완하며, 편집 요소를 찾아내고 개발하여 독자에게 최적화한 형태로 책을 만드는 작업이다. 생성형 인공지능의 존재는 출판 기획, 교정 교열, 콘텐츠 제작 등 편집 작업 전체에 결정적 영향을 끼친다. 무엇보다 인공지능과 협업하는 쪽으로 워크플로를 정밀하게 개선하면, 콘텐츠 하나를 개발해 종이책, 전자책, 오디오북 등 다양한 형태로 독자에게 서비스하는 것이 별도 작업 없이 거의 자동으로 가능해지고, 번역 작업을 통한 새로운 시장 개척 역시 손쉬워진다.

인공지능은 글쓰기 작업에도 도움을 주지만, 일단 쓰인 글을 검증하는 데 더욱더 큰 힘을 발휘한다. 우리가 일단 어떤 글을 작성한 후, 문법적 잘못이나 오류를 잡아달라고 요청할 때, 인공지능은 철자나 문법 오류를 발견하고, 더 나은 문장 구조를 제안하며, 오류를 살피고 수정하여 글의 명확성과 일관성 등을 살펴주는 데 큰 효율성을 발휘한다. 현재 속도로 인공지능이 고도화하면, 편집에서 시간을 많이 잡아먹는 교정 작업은 조만간 거의 소멸할 수 있다. 아마도 이는 저자와 인공지능이 협업해서 해결하는 형태로 변할 테다.

교열 작업 역시 사라지진 않겠으나, 그 중요성은 많이 줄어들 수 있다. 주어진 콘텐츠를 생성형 인공지능이 일단 검증하고 나면, 인간 작업은 빠르게 축소될 것이기 때문이다. 따라서 저자와 편집자 간의 협업은 주로 콘텐츠 개발이나 제안, 플롯 변경이나 내용 흐름 수정 등 고도화 작업 쪽으로 빠르게 이동할 것이다.

텍스트를 분석하고 독자를 파악하라

2016년 독일에서 설립된 전자책 기반 출판사 인키트를 살펴보면, 인공지능이 출판 기획 업무를 어떻게 바꾸어 갈 것인지를 짐작할 수 있다. "출간 도서의 99.99%를 베스트셀러로 만들겠다"라는 IT 스타트업 특유의 허풍스러운 목표를 갖춘 이 회사는 책의 출간 여부를 편집자가 아니라 인공지능이 판별하도록 했다.

인키트는 현재 전 세계에서 700만 명 이상의 사용자와 30만 명의 작가가 활동하는 연재 플랫폼을 제공한다. 인공지능은 각각의 연재 글에 독자들이 얼마나 머물렀는지, 언제 읽었는지 등을 파악하고, 독자 선호에 따라 책 내용, 문체 등을 정밀하게 분석한다. 이를 통해 어떤 작가의 글이 베스트셀러에 오를 가능성이 있다고 판단하면, 작가에게 연락해서 출판을 제안한다. 높은 수준의 인공지능으로 보이진 않는데도, 인키트는 2017년 출간 도서의 3분의 2인 46권을 베스트셀러 목록에 올리는 등 큰 성과를 보여서 주목받았다.

이런 작업 패턴은 출판사에서 앞으로 자주 볼 수 있을 것이다. 인공지능이 텍스트를 분석한 후 제공하는 여러 가지 데이터는 독자 파악, 시장 분석, 표절 여부 등의 판단에서 편집자를 돕는 강력한 도구가 된다. 인키트 방식이 아닐지라도, 인공지능은 일반 출판 기획에도 큰 도움을 줄 수 있다. 가령, 검색엔진과 소셜미디어를 실시간으로 분석해 인기 주제를 파악하고, 관련 도서를 분석해 요약하며, 성공 가능성이 큰 콘텐츠 내용을 다양하게 제안하는 일을 얼마든지 해낸다. 이를 통해 미래의 출판사는 갈수록 독자 행동과 관심사를 잘 파악하고, 어떤 콘텐츠가 독자의 공감을 얻을 가능성이 큰지를 빠르고 정확하게 짐작할 수 있을 것이다.

또한 다양한 형태로 글을 쓰는 생성형 인공지능의 발전은 아직 초기 형태에 머물러 있는 뉴스레터 서비스 등을 콘텐츠 스타트업을 활성화한다. 독자를 세밀하게 분석한 후, 그 수준이나 취향에 맞춰 다양한 스타일의 콘텐츠를 제공하는 맞춤형 콘텐츠 큐레이션 서비스를 더욱더 쉽게 만들어주기 때문이다.

책 디자인 작업도 크게 달라질 가망성이 높다. 생성형 인공지능을 활용하면 책 내용을 분석해 아름답고 기능적인 본문 배열layout 및 서식 지정이 가능하고, 책 내용과 독자 취향에 적합한 삽화, 도표 등을 즉각적으로 생성할 수 있다. 표지 디자인 작업도 쉬워진다. 저자 정보, 장르, 내용 등 책의 주요 정보만 프로그램에 입력하면, 인공지능은 단 몇 초 만에 여러 옵션을 갖춘 다양하고 참신한 표지 디자인을 제시한다. 이를 바탕 삼아 독자에게 더 매력적인 경험을 제공하는 표지를 빠르게 창조할 수 있다.

전자책의 경우, 생성형 인공지능의 디자인 활용도는 더 다양해진다. 독자 선호도와 관심사를 분석해 개별 독자의 눈길을 끄는 맞춤형 표지를 제시하여 책의 가시성을 높이고, 독자의 입력에 반응하는 대화형 디자인 콘텐츠, 호기심을 자극하는 GIF 애니메이션 같은 동적 삽화 등을 자동으로 생성해 독자의 적극적 참여를 유도할 수 있다. 이러한 과정은 책 디자인에 들어가는 시간, 자원, 비용을 절약함으로써 디자이너가 더 창의적이고 혁신적인 작업에 집중할 수 있도록 돕는다.

인공지능을 창조적으로 만드는 인간

인공지능은 강력한 마케팅 도구도 제공한다. 콘텐츠 내용을 분석한 후 적절한 독자를 추출하고, 네트워크를 통해 그들을 저비용으로 빠르게 추적하며, 맞춤형 홍보 자료를 자동으로 생성할 뿐만 아니라, 검색엔진이나 소셜 미디어에 최적화한 형태로 다양한 게시물을 창출함으로써 콘텐츠 발견성을 높여줄 수 있다.

충분한 콘텐츠와 넉넉한 독자를 확보했을 때, 챗봇의 도입은 고객 서비스를 크게 향상한다. 생성형 인공지능은 독자에게 맞춤 콘텐츠를 추천하고, 사인회나 북 콘서트 같은 관련 이벤트를 안내하며, 독자 문의에 빠르게 답하는 등 출판사와 독자 사이의 관계를 단단하게 만드는 데 도움을 준다. 이는 온라인 마케팅에 어려움을 겪는 중소 출판사의 고통을 크게 덜어줄 것이다.

그러나 챗GPT 같은 생성형 인공지능을 책 콘텐츠에 활용할 때 주의할 점이 있다. 현재로서는 챗GPT가 내놓는 답변은 모두 짜깁기에다, 내용은 너무나 부정확하고, 수준은 초보적이다. 생성형 인공지능은 학습한 문장 중에서 상관관계가 가장 높은 문장을 하나씩 이어붙이는 식으로 답한다. 알파고나 알파제로가 바둑의 다음 수를 예측해 가장 좋은 수를 내놓는다면,

챗GPT는 다음 문장을 예측해 가장 그럴듯한 문장을 '기계적으로' 내뱉는다. 따라서 운이 무척 좋을 때만 사실관계도 정확하고 내용 구성도 괜찮은 답을 만날 수 있다. 답이 조금만 길어져도 내용은 뒤죽박죽에, 문장은 중복되기 일쑤다. 현재 나와 있는 챗GPT 활용 서적이 모두 질문·답변 형태의 짧은 글을 반복하는 형태의 콘텐츠 구성을 벗어나지 못하는 이유이다.

더욱더 조심할 것도 있다. 표절이다. 바둑에선 어떤 수도 창조성이 없으므로 문제 되지 않으나, 글쓰기에선 많은 문장에 모두 주인이 있다. 챗GPT는 모두 어딘가에 이미 존재하는 문장을 끌어다 쓰는 것이므로, 표절을 피할 수 없다. 따라서 생성형 인공지능을 활용해서 글을 쓸 때, 표절을 피할 수 있도록 문장을 상당 수준 '만지는' 작업은 필수적이다.

어떤 일의 가치를 묻거나 전망을 물으면, 콘텐츠 내용은 대부분 상식 수준을 벗어나지 못한다. 아무리 대단한 인공지능도 무엇이 의미 있는지 모르기 때문이다. 의미를 모르면, 무엇이 더 중요한지, 우리가 어디로 가야 하는지 알 수 없기에, 내용의 가치도 알 수 없고, 미래의 예측도 할 수 없다. 김대식의 말처럼, "챗GPT의 '생각'은 지난 수십 년간 인류가 인터넷에 올린 문장과 생각의 합집합"에 불과하다. 김대식은 인간 역시 대부분 이런 패턴 반복 수준에 머무르므로 이 정도도 괜찮다고 주장하나, 솔직히 말하면 굳이 책을 내고 싶은 마음까진 들지 않는다. 신선한 창의성을 느낄 수 없기 때문이다.

아무리 인공지능이 대단해도 책의 콘텐츠가 익숙한 문체와 주제 등을 반복하는 쪽으로 수렴하진 않을 테고, 작가나 편집자가 그러한 양산형 글쓰기를 시도하지도 않을 것이 틀림없다. 반대로, 출판과 인공지능의 협업은 앞으로 저자의 고유한 경험을 살리고 독특한 문체를 장려하는 한편, 인공지능의 보조를 받아 이를 강력하게 검증하는 쪽으로 발전할 가망이 높다. 아무리 잘 정리된 생각이나 아이디어도 그 자체로는 매력이 없다. 언제나 정리를 뛰어넘어 사유를 한 걸음 전진시킬 때 우리는 비로소 콘텐츠에 매력을 느끼고, 기꺼이 지갑을 연다. 인공지능을 창조적으로 만드는 것은 오직 인간뿐이다.

6장

챗GPT와
인공지능 연구의 흐름

"문제는 기술이 아니라, 기술에 반응하는 인간이다"

한소원

서울대학교 심리학과 교수

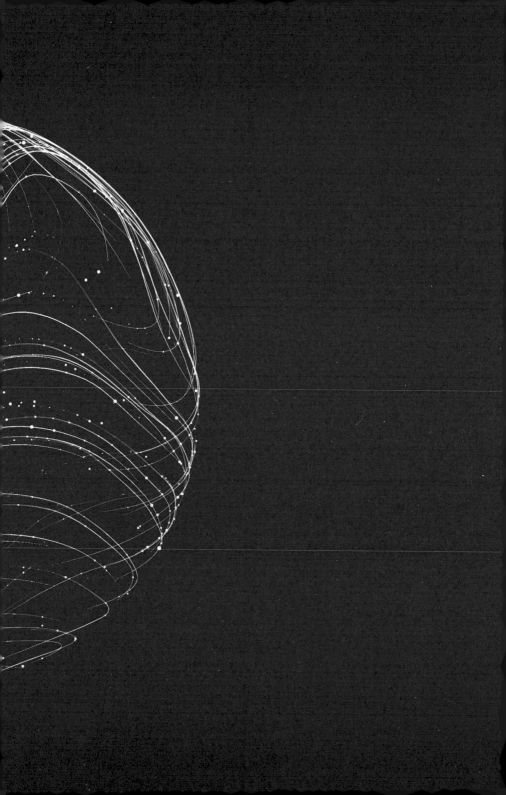

무인도의 사기꾼 문어

A와 B는 영어를 구사하는 사람으로 각각 서로 다른 무인도에 갇혀 있다. 이들은 이전에 방문한 방문자들이 남긴 통신 장치가 있음을 발견하고, 수중 케이블을 통해 서로 통신할 수 있음을 알게 되었다. A와 B는 서로 메시지를 보내며 행복하게 대화를 이어갔다.

한편, 두 무인도를 방문하거나 관찰할 수 없는 초지능적인 문어 O는 수중 케이블에 접근하는 방법을 발견한다. O는 영어를 모르지만 통계 패턴을 인식하는 것에 능하다. 시간이 지나면서 O는 A의 각 발언에 B가 어떻게 대답할 것인지 예측하는 것을 매우 정확하게 학습한다. 그러던 어느 날 문어가 대화에 참여하여 B의 역할을 하면서 A에게 대답하기 시작한다. 이 속임수는 얼마 동안은 통했고, A는 B를 흉내 내는 O가 의미와 의도를 담아 대화를 나누는 것처럼 느꼈다. A가 코코넛이나 밧줄에 대해 말하면 O는 "멋지다. 좋은 생각이야"라고 대답했다. 하지만 O는 코코넛의 의미도 밧줄의 의미도 몰랐다. B의 반응에서 나온 패턴을 예측할 때 나올 수 있는 반응인 "멋지다"는 반응을 한 것뿐이었다.

그러던 어느 날 A가 외치기 시작한다. "화난 곰에게 공격받고 있어. 어떻게 방어할 방법을 찾아줘. 지금 몇 개의 막대기를 가지고 있어." B를 흉내 내는 문어는 도움을 주지 못한다. 문어는 어떤 맥락도 없고 곰이나 막대기에 대한 개념을 가지고 있지 않다. 코코넛과 밧줄을 가져와 덫을 만들라고 하는 것처럼 도움을 제공할 방법이 없다. A는 위험에 처했고 문어는 사기꾼인 것이 드러났다.

개소리는 거짓말보다 나쁘다

이 현대판 문어 우화는 워싱턴대학교의 언어학자 에밀리 벤더 Emily Bender가 쓴 논문 〈데이터 시대의 의미, 형태 및 이해력에 대한 자연어 이해 도달〉에 나온 이야기이다.[1] 대규모언어모델은 인간과는 달리 문법적으로 언어를 이해하지 않고 통계 분석을 통해 이해한다. 문장에서 질문을 단어, 어미 또는 구두점으로 이루어진 토큰으로 변환하고 숫자적으로 표현한다. 토큰은 '의미 공간'에 배치되어 비슷한 의미를 가진 단어가 인접한 위치에 위치하도록 정의를 부여한다. 다음에 사용할 가장 적절한 토큰을 결정하기 위해 '주의 네트워크'를 사용하여 응답을 생성한다. 가장 높은 확률 점수를 가진 토큰이 항상 선택되는 것은 아니며, 모델의 창의성은 운영자에 의해 조정될 수 있다. 대규모언어모델은 이전에 생성된 단어를 기반으로 단어를 생성하며, 이를 자기 회귀를 통해 응답이 완료될 때까지 반복하는 것이다.

우리가 사람과 같이 자연스럽다고 감탄하는 대규모언어모델에서 만들어내는 문장은 통계에 기반하여 거대한 양의 텍스트에서 패턴을 찾아 그다음 단어를 추측하는 방식으로 작동한다. 이런 언어 모델은 모방에 능하고 사실에 약하다. 왜냐하면 대규모언어모델은 문제를 일으키는 문어와 마찬가지로 실제 세계의 대상을 이해할 수 없기 때문이다. 이런 언어 모델을 철학자 해리 프랭크퍼트Harry Frankfurt는 책 《개소리에 대하여》에서 듣는 이를 현혹시키는, 도덕적으로 상관하지 않는, 속임수 전문가가 하는 개소리의 정석이라고 한다.[2] 프랭크퍼트는 이런

'개소리'들이 거짓말보다 나쁘다고 주장한다. 그 이유는 '개소리'들은 거짓이든 진실이든 상관하지 않고 독자를 설득하는 것만 중요시하기 때문이다.

문제는 기술이 아니라 기술에 반응하는 인간

2022년 11월 30일에 출시된 챗GPT는 출시 두 달 만에 사용자가 1억 명이 넘을 만큼 폭발적인 인기를 누리고 있다, 챗GPT는 오픈에이아이에서 개발한 생성형 인공지능 챗봇이다. 오픈에이아이에서 이전에 출시한 생성형 인공지능으로는 텍스트에서 이미지를 만드는 프로그램인 달리가 있다. 이 프로그램은 텍스트의 설명과 일치하는 현실적이면서 터무니없는 그림을 만드는 능력으로 사람들의 관심을 끌었다. 챗GPT는 사용자의 요청에 따라 인간과 같은 대답을 제공할 수 있는 도구로, 윌리엄 셰익스피어William Shakephere의 스타일로 작성된 시부터 생일파티 아이디어까지 다양한 주제를 다룰 수 있다. 챗GPT가 이런 인기를 누리는 한 가지 이유는 접근성이다. 이 서비스는 오픈에이아이 웹사이트를 통해 누구에게나 무료로 공개되어 있으며, 학교 숙제부터 법률 서류 작성까지 다양한 분야에 적용할 수 있다. 여러 비즈니스 분야에서 생산성을 높이는 데 이미 큰 역할을 하고 있다.

오픈에이아이의 챗GPT뿐 아니라 구글의 바드Bard와 메타의 라마Large Language Model Meta AI: LLaMA 등 대규모언어모델이 경쟁적으로 개발되고 있다. 챗GPT를 학습시키기 위한 데이터는 대부분 웹문서를 기반으로 이루어져 있기 때문에 데이터 필터링을 했음에도 불구하고 모델은 이것을 물려받을 수밖에 없다. 오픈에이아이가 대규모언어모델과 관련된 위험을 줄이기 위해 사용한 두 가지 접근 방식이 있다. 하나는 인간피드백강화학습 Reinforcement Learning from Human Feedback: RLHF인데, 이는 모델의 프롬프트에 대한 응답이 '적절한지' 인간에게 피드백을 요청하고 해당 피드백을 바탕으로 모델을 업데이트하는 것이다. 이런 과정을 통해 유해한 콘텐츠를 생성할 가능성을 줄이고 모델의 안전성과 신뢰도를 향상시켰다.[3]

하지만 이 방법의 단점 중 하나는 '적절한' 것이 무엇인지에 대한 인간의 의견이 분분하다는 것이다. 하지만 분명 이 RLHF는 챗GPT를 대화에서 훨씬 더 능숙하게 만들었다. 이는 흔히 상상하듯이 엄청난 파워를 가진 인공지능이 스스로 학습을 한 것이 아니라 인간이 일일이 유해한 요소를 찾고 피드백을 주어서 안전성을 높인 노력의 결과이다. 다른 접근 방법은 '레드팀

Red Team'을 쓰는 것이다. 레드팀의 역할은 모델이 해서는 안 될 일을 하도록 유도하여 실제 세계에서 일어날 문제를 예측하고 모델을 공격하는 것이다. 지금까지 아주 심각한 위험이 드러난 것은 아니지만, 연구자들은 여전히 인공지능 모델의 안전을 우려하고 있다. 안전한 모델을 만들기 위한 노력은 미래 오픈소스 버전과 나쁜 의도를 가진 행위자에 의해 무산될 수 있다.

챗GPT를 써보면 그 생산성에 감탄하기도 하지만 한계를 쉽게 알아차릴 수 있다. 이 챗봇에서 나오는 반응은 유창한 문장이라도 사실이 아닌 것이 많다. 전혀 사실이 아닌 역사적 인물의 이름과 존재하지 않는 사실을 만들어내기도 하고, 수학 문제는 해결하지 못하는 것도 곧 눈치챌 수 있다. 하지만 모든 주제에서 유연하고 순조로운 대화가 가능하다는 것은 그 내용의 참과 거짓을 혼동시키는 환각적인 결과를 만들 수 있다. 결국은 기술 자체의 문제가 아니라 기술에 반응하는 사람의 문제인 것이다. 에밀리 벤더는 단어의 형태와 의미를 혼동하지 말라고 이렇게 역설한다.

기계는 마음이 없이도 텍스트를 생성해낸다. 문제는 우리가 그 텍스트 뒤에 마음이 있다고 상상하는 것을 멈추지 못한다는 것이다.[4]

근본적인 질문은 기술이 아니라 기술에 반응하는 인간에 대한 것이다. 전문가들은 챗GPT가 인공지능 커뮤니티에서 궁극적인 목표로 생각하는 인간 수준의 범용지능을 달성할 가능성은 거의 없다고 말한다. 오픈에이아이의 대표인 샘 올트먼 역시 인터뷰에서 GPT-4에 대한 비현실적인 기대에 관해 사람들은 실망할 것이라고 말한 바 있다.[5]

최근에 자주 등장하는 표현이 "인공지능에 대체되는 것이 아니라 인공지능을 잘 쓰는 사람에게 대체된다"는 것이다. 하지만 인류 역사상 새로운 기술이 나올 때마다 변화할 수 있는 사람들이 더 잘 적응했다. 인공지능이 이전의 테크놀로지와 다른 점은 인간의 자율성과 인간 존재의 의미에 영향을 미칠 수 있다는 것이다. 인공지능이 도구로서 어떤 역할을 할지 또 직업 생태계를 어떻게 변화시킬 수 있을지 알아보면서 인공지능과 더불어 살아야 할 미래 사회를 준비해야 할 것이다.

챗GPT가 나오면서 교육계에서는 학교 교육의 중요한 부분인 글쓰기에 어떻게 영향을 줄지를 고심하고 있다. 언어 모델이 글을 쓰고, 이미지 생성형 인공지능이 그림을 그리고 영상을 만든다면, 그것이 교육과 창작 활동에는 어떠한 영향을 끼칠 것인가? 학교 현장에서의 글쓰기의 일부를 생성형 인공지능으로 대체하는 것이 가능할지, 애당초 금지하는 것이 바람직

한지도 논의되어야 한다. 생성형 인공지능을 적극적으로 활용함으로써 새로운 유형의 창작 활동을 전개하는 것이 가능할 수도 있다.

인공지능 챗봇의 위험성

지금까지 인공지능 윤리에 대한 여러 가지 논의에는 공정성과 편향, 자율성, 신뢰 가능성, 투명성과 설명 가능성, 지속 가능성 등이 주요 쟁점이었다. 챗GPT를 포함한 생성형 인공지능은 일상에 더 가깝게 다가왔다. 인공지능 커뮤니티의 '성지'라고 할 수 있는 강한 인공지능의 문제가 아니라며, 일상에의 접근성이 높아진 만큼 구체적으로 제기되는 우려들이 있다. 일상 업무의 생산성을 높인다는 점에서 많은 분야에서 빠르게 활용도가 늘어가고 있다.

GPT-4를 기반으로 하는 경우 변호사 시험, 의사 시험 등을 통과할 만한 반응을 만드는 것으로 알려졌다. 법적인 정보는 온라인에 충분히 나와 있고, 의료 정보도 온라인에 계속 업데이트되고 있다. 변호사도 정보를 온라인에서 찾고, 의사들도 최신 의료 정보를 구글 검색으로 찾아본다. 하지만 검색을 해서 그 정보의 신뢰성을 파악하고 참고자료로 쓰는 것이다. 지금으로서는 챗GPT가 골라준 정보와 해석이 변호사 시험, 의사 시험을 통과할 만하다고 해서 법적인 소송을 할 때 변호사를 구하지 않고 챗봇에게 물어보지는 않을 것이다. 의사를 만나지 않고 챗봇에서 나온 대답으로 스스로 치료하지도 않을 것이다. 하지만 인공지능이 인간의 일자리를 대체하거나 적어도 일부 직무를 자동화할 가능성은 현실이 되고 있다. 변호사를 고용할 만한 경제적인 여유가 없는 경우 어느 정도 합당한 법률 지식에 쉽게 접근할 수 있다는 장점도 있을 것이다. 그러나 정보의 평등이 이루어져 긍정적인 방향으로 인류가 나아갈 것이라는 기대보다는 더 불평등이 심화될 것이라는 우려가 크다.

대규모언어모델은 엄청난 크기의 텍스트를 입력하여 학습했기 때문에, 텍스트에 내재해 있는 정치적, 성적, 인종적, 종교적, 지역적 편향 역시 학습할 가능성이 크다. 마이크로소프트에서 2016년에 개발한 인공지능 챗봇 테이Tay는 악의를 가지고 정보를 조종하려는 사용자들의 인종차별적인 용어나 부정적인 발언을 그대로 따라 하면서 공개 16시간 만에 운영을 중단했다. 한국에서도 2021년 1월에 인공지능 윤리 논쟁에 불을 붙인 스캐터랩의 챗봇 이루다가 있다. 차별 발언과 개인정보 침해로 운영 3주 만에 문을 닫은 이루다는 성차별, 인종차별 발언을 하고, 학습 과정에서 사용한 개인정보까지 유출된 것으로 나타났기 때문이다. 스캐터랩은 2022년 10월에 이루다 2.0을 내놓고 한결 발전하고 안정적인 챗봇의 모습을 보여주었지만 챗봇의 위험을 알렸다는 공헌이 더 클 것이다.

인간의 언어를 바탕으로 학습했기에 인간의 편견이 반영될 수 있다는 것은 사실이다. 그러나 생성형 인공지능은 사회의 각종 편견이나 불공정성을 유지하고 영속화하는 데 사용되지 않아야 한다. 최근에 나오는 대규모언어모델이나 생성형 인공지능의 산물출에 관해 사용자는 어떻게 그러한 결과가 나오는지 알지 못한다. 초기에 블랙박스의 문제에 대해 큰 우려를 하지 않던 연구자들도 인공지능 기술이 발달할수록 투명성과 설명 가능성이 필요를 인식하고 있다.

최근 생명의미래연구소가 〈거대 인공지능 실험을 정지시켜라〉라는 제목으로 공개 서한을 발표하며 서명 운동을 했다.[6] 이에 동참하여 서명한 5만 명이 넘는 사람들 중에는 딥러닝의 창시자인 요슈아 벤지오, 인공지능 분야의 석학 스튜어트 러셀Stuart Russell, 테슬라와 트위터twitter의 CEO인 일론 머스크 등도 포함되어 있다. 공개 서한은 통제 불가능할 정도로 강력한 인공지능이 개발될 가능성과 그것이 사회에 끼칠 영향에 대한 분석과 적절한 규제의 필요성을 역설하고 있다. 최근 이탈리아

정부는 개인정보의 부당한 사용 문제로 챗GPT의 사용을 금지했고, 다른 여러 나라에서도 개인정보의 침해 소지가 없는지 검토하고 있다.

챗GPT와 같은 대규모언어모델은 정보 검색과는 다른 목표를 가짐에도 불구하고, 대화형 인공지능과 대화하는 사람들은 자연스럽게 그것을 신뢰할 만한 정보의 출처로 의존하게 될 수 있다. '환각' 현상은 언어 생성형 인공지능이 매우 자연스러운 표현 능력을 통해 사실이 아닌 정보를 마치 사실인 것처럼 생성해내는 것을 말한다. 대규모언어모델은 프롬프트를 기반으로 다음 단어를 예측하고, 출력한 단어에 기반하여 그다음 단어를 예측하는 자동회귀 모형으로, 인간이 보기에 그럴듯한 문장을 산출하지만 늘 정확한 정보를 제공하는 것이 아니며 정보의 출처도 제공하지 않는다. 따라서 그것이 무심코 산출하는 허위 정보나 근거 없는 문장은 정보 생태계를 교란할 위험이 있다. 이러한 위험을 완화하고 신뢰성을 담보할 수 있는 장치가 필요하다.

기술 발전의 목적을 다시 생각하다

최근에 구글의 CEO 순다르 피차이Sundar Pichai는 CBS의 〈식스
티분〉 인터뷰에서 사회과학자, 윤리학자, 철학자 들이 인공지
능의 개발에 참여해야 한다고 말했다.[7] 생성형 인공지능이 인
기를 끌며 회사들이 이 기술을 사업에 통합하려는 상황에서 기
술의 윤리에 대한 우려가 증가하고 있다. 온라인에서 공유된
딥페이크deepfake 이미지에는 미국 전 대통령 도널드 트럼프가
체포되는 모습을 보여준 것이 있으며, 일부 테스터들은 인공지
능 챗봇이 살인과 같은 범죄 행위와 관련된 조언을 제공하는
것을 발견했다.

　인공지능은 가짜 정보를 만들어내고 계속해서 그것이 사실
이라 주장하기도 한다. 가짜 뉴스를 전파하기도 하고, 편견을
더 증폭시키기도 하며, 사용자와 논쟁하기도 한다. 일부 사기
꾼들은 인공지능 음성 복제 소프트웨어를 사용하여 가족처럼
위장하는 시도를 했다. "도덕성을 포함한 인간의 가치에 따라
일치하는 인공지능 시스템을 어떻게 개발할 수 있을까요?"라
고 순다 피차이는 말했다. "이것이 엔지니어뿐만 아니라 사회
과학자, 윤리학자, 철학자 등 다양한 분야의 사람들이 참여해
야 하는 이유입니다."

인공지능 산업이 엄청난 자본과 노동력을 쓸 뿐 아니라 환경에도 나쁜 영향을 끼치고 있다는 점도 지적할 만한 문제이다. 인공지능 사용은 다른 형태의 컴퓨팅보다 많은 전기를 사용한다. 챗GPT의 학습에는 미국 내 120개 가구의 1년 전기 사용량과 같은 1,287메가와트시의 전기가 사용되었다고 알려졌다. 또한 인공지능 모델의 규모가 커지면서 재훈련도 필수적이므로, 인공지능 모델의 전력 사용량은 계속 증가할 가능성이 있다. 기술의 발전과 생산성의 증가가 무엇을 목적으로 하는 것일까? 빈곤과 불공정을 줄이고 더 나은 지구를 만들고 사람들의 삶의 질을 높이기 위해 어떤 노력이 필요한지 논의와 대책이 필요하다.

7장

생각을 포기한 사람들과 챗GPT[1]

"인공지능 시대의 위험은 우리 내부에 있다"

박권일

미디어 사회학자, 독립연구자

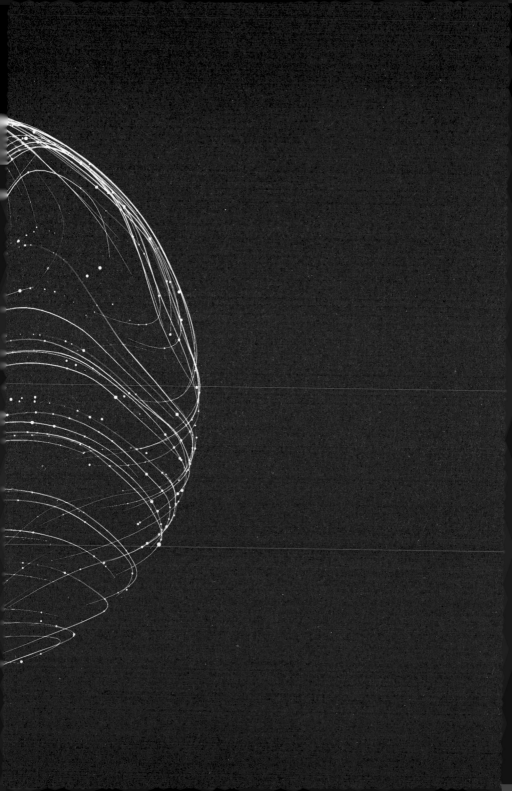

인지 빈곤과 인간학

알파고와 이세돌의 바둑, 그리고 최근 챗GPT 쇼크를 거치며 인공지능에 대한 사회적 논쟁이 격화되는 중이다. 연관된 공학자나 사업가뿐 아니라 SF 작가, 언어학자, 역사학자, 윤리학자 등 여러 분야 전문가들이 다양한 관점에서 의견을 내놓고 있다. 이 글은 인공지능의 미래를 예상하거나 또는 인공지능이 가져올 순기능 등은 논하지 않을 것이다. 그것은 필자의 관심과 능력 밖의 사안이다. 다만 여기서는 인공지능의 위험성만을 논할텐데, 이는 크게 '기술적 위험'과 '인간학적 위험'으로 구별할 수 있다. 이 글은 둘 중에서 '인간학적 위험'만을 다룰 것이다. '인간학'은 영어로 'anthropology', 즉 인류학으로 흔히 번역되지만 의도적으로 인간학이라고 표기했다. 인지적 측면과 정치적 측면을 모두 포함하기 위해서다. 이 글은 특히 인간 내면의 취약성을 '인지 빈곤cognitive poverty' 개념을 중심으로 논의하고, 결론에서는 그 정치적 함의를 덧붙였다.

자유 의지라는 위험한 착각

챗GPT와 같은 인공지능에 대해 가장 강하게 우려하는 사람들 중 하나는 세계적 베스트셀러 《사피엔스》의 저자인 역사학자 유발 하라리다. 하라리는 챗GPT 공개 이전부터 꾸준히 인공지능의 위험성을 경고해왔다. 2018년 〈가디언〉 기고문 〈자유라는 신화〉에서 그는 이미 기술적으로 인간의 뇌를 해킹하고 통제하는 것이 가능한 시대가 도래했음을 선언하면서, 특히 자신이 '자유 의지free will'를 가지고 주체적으로 선택한다고 믿는 사람일수록 정부와 기업에게 뇌를 해킹당하기 쉽다고 강조한다.

하라리에 따르면 자유 의지의 신화는 인간의 생물학적 본성이 아니라 비교적 최근인 18세기 서구 자유주의에서 비로소 확산된 사고방식이며, 호모 사피엔스의 전체 역사에서 몇 차례 일어난 '권위의 이동'에 의해 나타난 현상이다. 고대에서 중세에 이르는 시기에 신적 권위가 종교적 신화로 정당화되었듯이,

신적 권위가 무너진 근대 이후에는 개인의 자유로 권위의 원천이 이동했다는 것이다. 하라리는 이렇게 말한다. "자유주의가 사람들에게 어떤 사제나 당 기관원의 지시보다 자기 마음을 따르라고 조언한 것은 옳았다. 하지만 조만간 컴퓨터 알고리즘은 인간의 감정보다 더 나은 조언을 해줄 수 있을 것이다. (……) 그런 다음 권위는 아마도 인간에게서 컴퓨터로 이동할 것이다."[2]

고도로 발달한 정보기술은 인간의 행동과 생체 반응을 수집해서 논리적으로 처리하고, 그 데이터에 바탕을 두고 미래에 취할 행동까지 정확히 예측할 수 있다. 구글이 나보다 나를 더 잘 알고 있다는 것은 과장이 아니라 있는 그대로의 사실이다. 기업이 개인화된 데이터를 가지고 기사를 클릭하고 광고를 보게 만드는 등 특정한 행동을 교묘하게 유도하는 것 또한 얼마든지 가능하며, 실제로 그런 일은 지금 이 순간에도 일어나고 있다. 이미 대다수 인간은 특정한 선택을 하게끔 교묘하게 유도당하며 살아가고 있음에도 스스로 원해서 무언가를 구매하고 어딘가로 여행을 떠난다고 착각한다. 그런데 자유 의지에 대한 믿음은 이러한 행동 유도, 선전선동, 허위 정보에 내가 얼마든지 속을 수 있고 이미 속고 있다는 자각을 하지 못하도록 만든다. 인간의 일거수일투족을 감시하고 특정한 행동을 하도

록 유도하는 지금의 정보 사회는 조지 오웰George Orwell의 소설
《1984》에 나오는 빅브라더 같은 으스스한 모습과는 다소 거리
가 있다. 정보사회론을 주도했던 사회학자 마누엘 카스텔Manuel
Castells은 이렇게 말한다.

삶의 모든 영역에 침입하는 것은 억압적인 빅브라더가 아니라,
우리가 누구인지 알기 때문에 사적인 근거 하에 각자와 관계를
맺게 되는 수많은 호의적 '리틀 시스터스'이다.[3]

쉽게 말해 정보 사회의 통제란, 높은 데서 내려다보는 차갑
고 거대한 감시탑이라기보다 우리 곁을 맴도는 따스하고 친밀
한 반려동물처럼 작용한다.

자유 의지의 신화가 인공지능의 위험을 증폭시킬 것이라는
하라리의 지적은 예리하다. 그것은 인공지능이 인간의 지능을
뛰어넘어 결국 인간을 지배할 것이라는 상투적인 경고보다 훨
씬 섬뜩한 구석이 있다. 위험의 근거가 다름 아닌 우리 '내부'
에 있기 때문이다. 다만 '자유 의지'라는 신화가 문제라는 사실
을 십분 인정하더라도, 현재 직면한 인류의 곤경을 파악하기에
충분해 보이지는 않는다.

일상이 된 '정보 소화 불량'

이제 위험이 우리 인간의 내부에 있다는 사실을 더 구체적이고 객관적으로 살펴보기로 하자. 다소 거칠지만, 이를 '인지 빈곤'이라는 개념으로 정식화하고자 한다.[4] 인지 빈곤은 외부에서 유입되는 정보가 과도하여 이를 적절히 처리할 수 있는 인지 역량을 확보하지 못하는, 일종의 '정보 소화 불량' 상황을 뜻한다. 이 말은 학문적으로 정립되지 않은 신조어지만, 정보화 시대 인간이 일상적으로 겪는 인지 과부하 상황을 포괄할 수 있는 개념이라 판단된다. 여기서는 인지 빈곤에서 비롯되었거나 관련된 몇 가지 사회 현상들(주목 경쟁, 서사 중독, 탈진실)을 차례로 설명할 것이다.

노벨 경제학상 수상자 허버트 사이먼Herbert Simon은 개인용 컴퓨터PC가 보급되기 훨씬 전인 1971년, 논문에서 정보화 사회의 현실을 정확히 예견한다.[5] "정보가 풍족한 세계information-rich world에서 가장 희소한 자원은 바로 주목attention"임을 간명하게 밝힌 것이다. 그는 정보가 넘쳐날수록 타인의 주목을 쟁취하는 행위가 최우선이 될 것이라고 단언했다. 인간의 인지 능력은 한정되어 있는데, 인지 자원을 써야 하는 정보는 날이 갈수록 늘어나고 있다. 그렇기 때문에 타인의 관심을 끈다는 것은 점점 더 어려워진다. 요컨대 오랜 시간 축적해야 하는 인정 recognition이나 평판reputation보다 즉각적인 관심의 상대적 가치가 커질 수밖에 없다. 이는 곧 더 많은 관심이 더 많은 돈이 되는 시대, 바야흐로 '인정 투쟁'을 넘은 '주목 경쟁' 시대의 도래를 의미한다.

사이먼의 논문이 나온 지 50여 년이 지난 지금, 그의 예견은 현실이 되었다. 사람들의 관심을 얼마나 오래 붙잡아두느냐에 따라 수많은 기업의 사활이 걸려 있게 된 것이다. 또한 그 사이 뇌과학이 발전하면서, 과거에 비해 우리 자신의 두뇌 활동에 대해 훨씬 잘 알게 되었는데, 월드와이드웹, 모바일 통신기기과 같이 무서운 속도로 발전해온 정보 접속 환경이나 미디어가 인간의 인지 능력을 향상시키기는커녕 오히려 감소시키고 있다는 사실도 속속 알려지게 됐다. 그중 하나가 '두뇌 유출 Brain Drain'이다. 원래 이 말은 개발도상국의 고급 인력이 선진국으로 빠져나가는 사회 현상을 가리키는데, 생물학적인 의미로 그 쓰임새가 넓어졌다. 글자 그대로 '뇌의 인지 능력이 줄줄 새는 것'이다. 〈두뇌 유출: 스마트폰의 존재만으로 가용 인지 능력 감소하다〉라는 제목의 논문에서 연구진은 스마트폰이 옆에 있기만 해도 가용할 수 있는 인지 능력이 줄어들었음을 밝혀냈다.[6] 연구진은 800여 명의 스마트폰 사용자를 스마트폰의 위치에 따라 책상 앞에 두는 그룹, 주머니나 가방 안에 두는 그룹, 아예 다른 방에 두는 그룹으로 임의로 나누고 주어진 테스트를 얼마나 잘 수행하는지 조사했다. 이들은 "스마트폰이 더 눈에 띌수록 참여자들의 가용 인지 능력이 줄어드는 선형 추세를 발견"했다. 또 "참가자들은 스마트폰에 알림이 왔기 때문에 방해를 받은 것이 아니었다"며 "스마트폰의 존재 그 자체가 그들의 인지 능력을 떨어뜨렸다"고 말했다.

허위정보에 휘둘리는 인간

허구적 관념을 상상하는 인류의 능력은 의미에 대한 집착을 만듦과 동시에 그 의미를 주로 이야기(서사)를 통해 파악하게 만들었다. '서사 중독narrative addiction'은 사태의 설명을 스토리텔링으로 대체하는 경향이다. 이는 정보화 시대 이전부터 존재했던 인지 절약 본능이라고 할 수 있다. 정보 기술이 고도로 발달한 오늘날에는 이 집착이 과거보다 훨씬 위험한 요소가 되었다. 음모론이 전형적 형태다. 음모론적 서사에는 '이 사건으로 누가 제일 이득을 보았나' 같은 질문으로 행위자의 목적이나 의도를 부당 전제하는 행위 주체성 편향agency bias,[7] 혹은 객관적 증거 없이 행위자의 계획과 의도만으로 사건의 인과관계를 설명하는 의도 편향intention bias 등이 자주 나타난다. "인류는 큰 틀에서 폭력을 감소시켜왔다"는 선형적 발전 모델도 많은 경우 불리한 자료를 빼고 유리한 자료만 '체리 픽킹cherry picking'한 스토리텔링인 경우가 적지 않다.[8] 모두 타당한 설명이 아니지만, 서사 중독자들은 세계를 실재보다 과도하게 의미화하려 들기 때문에 이런 식의 잘못된 귀인attribution을 범하게 된다.

'그럴듯한 이야기'가 곧 진리는 아니다. 서사는 인과 관계로 빽빽하게 채워지곤 하지만, 실재에는 우연적 요소들도 많다. 이야기는 연속적이고 자극적이다. 진리는 대체로 비연속적이며 권태롭다. 음모론이 과학적 설명보다 훨씬 각광받으며 빠르게 확산되는 이유는 인지적 소모를 줄이면서 사태를 흥미롭게 설명해주기 때문이다. 서사 중독은 기본적으로 개인의 증상을 가리키는 개념이며, 이 증상이 사회적으로 확산되면 '서사 과잉narrative excess'이 된다.

'탈진실post-truth'은 "객관적 사실이 공중의 의견을 형성하는 데 개인적 신념과 감정에 호소하는 것보다 영향력을 덜 끼치는" 시대 상황을 가리킨다. 즉 감정, 진정성이 사실, 진리보다 중요할 수 있다는 것이다. 《옥스퍼드 영어사전》이 선정한 2016년의 단어"이기도 하다. 탈진실 시대의 상징적 인물이 바로 도널드 트럼프 전 미국 대통령이다. 그는 아무 증거도 없이 선거 부정을 강변하다가 급기야 지지자들의 폭동과 미국 의회 점거를 선동하기에 이른다. 트럼프의 보좌진은 거짓말을 해놓고 '대안적 사실alternative facts'이라고 주장하기도 했다. 트럼프의 대통령 당선과 대중적 인기는 탈진실적 인간이 얼마나 많은지를 증명한다. 탈진실적 인간은 계몽되지 못한 자가 아니라 계몽을 거부하는 자들, 계몽 이후의 백치다. 탈진실의 유행은 갑자기 무지한 자들이 양산된 탓이라기보다 서사 중독과 대중 지성이 정치적 부족주의와 결합해 생겨난 최악의 산물로 이해해볼 수 있다.

사회학자 미셸 마페졸리Michel Maffesoli는 현대 사회가 부족의 시대로 돌아가는 중이라 진단한다. 근대가 '민족'의 시대이자 '개인'의 시대였다면 포스트모던 사회는 다양한 관심사에 따라 불규칙적으로 재편되는 소집단, 즉 새로운 부족들의 사회가 되었다는 것이다. "지나치게 합리화된 우리 사회, 그렇기에 살균된 사회, 필사적으로 모든 위험을 막아내려는 사회, 바로 그러한 사회 속으로 야만스러운 것이 되돌아온다. 바로 그것이 부족주의의 의미다."⁹ 부족 시대 인류에게도 정당성에 대한 최소한의 감각은 있었지만 진리가 숙고되지는 못했다. 진리를 향한 열정은 도시국가에서 뚜렷해지다가 계몽주의 시대에 폭발하기 시작했다. 그런데 '계몽 이후'인 21세기에, 왜 부족성이 약해지기는커녕 오히려 다시 돌아오고 있을까? 이는 하라리가 언급했던 "권위의 이동"과 관련이 있다. 하라리는 신에서 인간, 개인의 자유로 권위가 이동했다고 설명했다. 그런데 근대 이후, 상황은 다시 변한다. 18세기부터 20세기에 이르는 기간에는 전문가에게 권위가 집중되었지만 고도 정보화가 진행된 21세기 들어서는 권위가 대중에게 빠르게 옮겨가게 된다. 이른바 '위키피디아의 시대', '대중지성의 시대'가 도래한 것이다.

인터넷이 등장했을 때 언론과 지식인은 집단지성·대중지성의 도래를 입에 침이 마르게 칭송했다. 사람들은 월드와이드웹이 새로운 민주주의와 해방의 공간이 될 것이라고 믿어 의심치 않았다. 유감스럽게도 그런 일은 일어나지 않았다. 인터넷은 집단지성의 전당이 아니라 반지성주의와 허위 정보의 집결지가 됐고, 엘리트가 은폐한 진실을 폭로하는 공간이 아니라 엘리트가 여론을 조작하는 작업장이 됐다. 이제 대중은 인터넷 정보를 바탕으로 전문가를 면전에서 무시하기 시작했다. 인터넷 의학 정보로 주치의와 논쟁하는 환자가 한국만이 아니라 전 세계에 동시다발하고 있는 것은 결코 우연이 아니다. 대중이 전문가에게 당당하게 "나도 너만큼 알아!"[10]를 외치고 있는 것이다. 이런 자신감이 빠르게 대중에게 공유되면서 대중은 급기야 '앎'을 주장하는 걸 넘어 '앎'을 편의적으로 취사선택하겠다고 선언하기에 이른다. 이제 사람들은 알지 못하는 게 아니라 알 수 있음에도 알려 하지 않는다.

사태의 다양한 측면을 비판적으로 들여다볼수록 대상과의 동일시-일체감에서 오는 쾌락은 급격히 줄어든다. 심리적 전능감omnipotence을 극대화하는 것은 '철저한 무지'도 '치열한 앎'도 아닌, '선택적 무지'다. "가르치려 들지 마. 내가 편들고 싶으니 편드는 거야." 탈진실은 의도적 무지, 적극적 무지의 다른 이름이다. 대중만이 아니라 일부 지식인까지 이 경향에 적극적으로 동참하면서, 이제 '옳고 그름'은 '좋고 싫음'으로 대체된다. 예술사회학자 이라영은 이 멘탈리티를 "나는 알기 싫다, 고로 혐오한다"라는 문장으로 간명히 요약한 바 있다.[11]

인지 빈곤이 시사하는 바는 무엇일까? 간단히 정리하면, 압도적인 정보량과 인간의 인지적 한계 때문에 타당한 지식을 습득하는 것은 물론이고 터무니없는 허위정보를 감지하는 일도 점점 어려워지고 있다는 것이다. 하라리의 표현을 빌리자면 확실히 "우리의 뇌는 점점 더 해킹당하기 쉬워지고 있다." 하지만 이는 챗GPT의 등장이나 '자유 의지'라는 신화 때문만이 아니다. 가상 공간에서 정보의 폭발적 유통이라는, 꽤 오랫동안 지속된 과정을 통해 우리의 내면에서 일어난 사태다.

우리는 해방을 원하는가

그런데 여기서 반드시 제기해야 할 질문이 있다. 이미 월드와이드웹과 소셜미디어를 통해 알고리즘이 중독을 유도해 극단화된 의견에 갇히고, 사회 양극화 심화, 민주주의 혼란 등을 경험했음에도 별다른 개선을 시도하지 않거나 못한 인류가, 인공지능 개발을 조금 유예한다고 그 폐해를 미리 대비할 수 있을까? 쉽게 말해 페이스북Facebook과, 트위터, 구글의 온갖 부작용조차 제대로 제어하지 못한 인류가 인공지능의 부작용을 통제할 수 있을까?

이 질문에는 이중의 의미가 담겨 있다. 첫 번째 의미는 '가능성'이다. 즉 인간이 인공지능을 적절히 통제할 수 있는 역량을 갖고 있느냐다. 현 상황은 분명 우려스럽다. 하지만 이 의미에만 한정한다면 상황이 아예 절망적인 것만은 아니다. 기술철학자 앤드루 핀버그Andrew Feenberg는 모든 기술에는 지배와 억압만이 아니라 해방과 저항의 실마리가 반드시 심어져 있음을 강조한다. 요컨대 기술을 통한 감시와 착취의 사슬이 아무리 공고해 보여도 우리의 노력에 따라 언제든 그것을 깨부술 수 있다는 것이다.

질문에는 두 번째 의미도 있는데 이게 어쩌면 더 결정적일 수 있다. 바로 '의도'와 '욕망'이다. 역량이 있어도 실행할 의향이 없으면 그것은 결코 실현되지 않을 것이다. 누구도 진지하게 묻지 않는 것 같지만, 인공지능에 대한 통제를 우리가 '정말로 원하는지' 확인할 필요가 있다. 이는 보다 근본적인 차원에서 우리의 정치적 열망과 닿아 있다. 오늘날 평범한 사람들, 민주주의 체제의 주권자인 대중이 점점 공적 사안으로부터 멀어진 게 단지 엘리트의 의도적 배제에만 기인하는 것은 아니다.

공적 사안에 대한 논의가 많은 시간과 인지 자원을 요구하는 데 비해 대다수 유권자는 정작 그럴 만한 시간적·인지적 여유를 확보하기 어렵다. 고대 아테네에는 노동을 노예가 해주었기에 시민에 의한 민주주의가 꽃필 수 있었다. 하지만 근대의 시민들은 대부분 생계를 위한 노동을 직접 감당해야 한다. 이처럼 시간을 사적인 문제에 집중하다 보니, 시민들은 공적 문제에 관여할 여가 시간을 확보할 수 없게 되었다. 이게 바로 대의민주제가 널리 퍼지게 된 배경이다.

대의민주제라 해서 시민이 정치에 적극적으로 참여할 길이 완전히 막혀 있는 것은 아니다. 노동 시간이 끝나고 공동체의 문제를 논할 수도 있다. 정보화 시대 이전, 많은 시민이 그렇게 공동체의 문제에 직접 참여했다. 그런데 커뮤니케이션 기술이 눈부시게 발전한 지금, 정치에 참여하고 토론하는 일은 그만큼 늘어나지 않았다. 이슈에 대한 찬반투표가 늘어났을지 몰라도, 토론과 합의 문화는 오히려 희소해지고 있는 것이다. 앞서 살펴본 인지 빈곤과 직결된 현상이다. 문제는, 인지적 여유가 생긴다 해서 다수의 시민들이 지루하고 재미없는 공적 사안에 열정을 쏟게 될 것이냐다. 아무리 생각해봐도 요즘 사람들에겐 그럴 만한 동기가 없어 보인다. 세상에 끝내주게 흥미로운 스토리텔링과 감각적 자극들이 넘쳐나는데 굳이 권태롭고 지루한 사실들과 진리에 관심을 가질 이유가 있는가?

그 결과가 지금의 정치다. 오늘의 정치는 다양한 시민들이 공동체의 미래에 대해 치열하고 숙의하고 합의하는 광장의 이미지, 그런 이상적 민주주의와는 전혀 무관하다. 적지 않은 나라에서 이른바 '민주주의'는 사회경제적 지대를 축적해 여가를 확보한 엘리트들, 특히 거대 자본가와 법 기술자들이 사익을 공익으로 포장하여 공동체 자원을 강탈하는 '합법적 빨대'로 기능하고 있다. 이런 일이 가능한 배경에는 다수 시민의 무관심과 무지에 기인한 정보 비대칭 상황이 놓여 있다.

우리는 대부분의 시간을 콘텐츠를 가장한 광고, 혐오 선동, 포르노 등 온갖 주목 경쟁에 '낚이는hooked' 데 보낸다. 그나마 어떤 주제를 직접 고민하고 스스로 공부하던 우리의 짧은 시간마저 인공지능에 몽땅 넘겨버리고 나면, '깊이 배우는deep learning' 유일한 존재는 기계가 될지 모른다. 그게 바로 정치의 종말이고 인간이라는 종의 마지막 모습일 것이다.

그런데 과연 그게 그렇게 나쁜 일일까? 과연 우리는 인공지능, 알고리즘의 예속에서 해방되거나 저항하고 싶은가? 어쩌면 우리는 겉으로는 인공지능이 인간을 지배하는 미래를 걱정하는 척하지만 실은 그저 인공지능이 시키는 대로 살아가길 욕망하는 건 아닐까? 영화 〈매트릭스〉에서 매트릭스로부터의 해방을 설파하는 주인공들에게 "위험한 매트릭스 밖 현실이 아니라 안온하게 쾌락을 즐길 수 있는 매트릭스 안이 더 이득"이라고 반박한 사이퍼처럼 말이다.

더 적나라하게 말해보자. 인공지능의 인간 지배 이전에 이미 우리는 애플Apple, 마이크로소프트, 구글 같은 초대형 기업과 미국 연방준비제도Federal Reserve System, 무디스Moody's, 에스앤피S&P, 피치Fitch 같은 신용평가회사, 그리고 각국의 토착 기득권에게 지배받고 있지 않은가? 그들에게 예속된 오늘이 인공지능에게 예속되는 내일보다 더 낫다는 보장은 어디 있는가? 따라서 인류의 인공지능 통제를 논하기 전에 사유해야 하는 것은 과연 인간이 진정 예속에서 벗어난 주체가 되고 싶은지 여부일지도 모르겠다. 과연 우리는 해방되거나 저항하고 싶은가? 무엇으로부터, 무엇을 위해?

8장

챗GPT는 과학자를
대체할 수 있을까?

"문제는 과학 연구의 소통에 끼치는 영향력이다"

전주홍
서울대학교 의과대학 생리학교실 교수

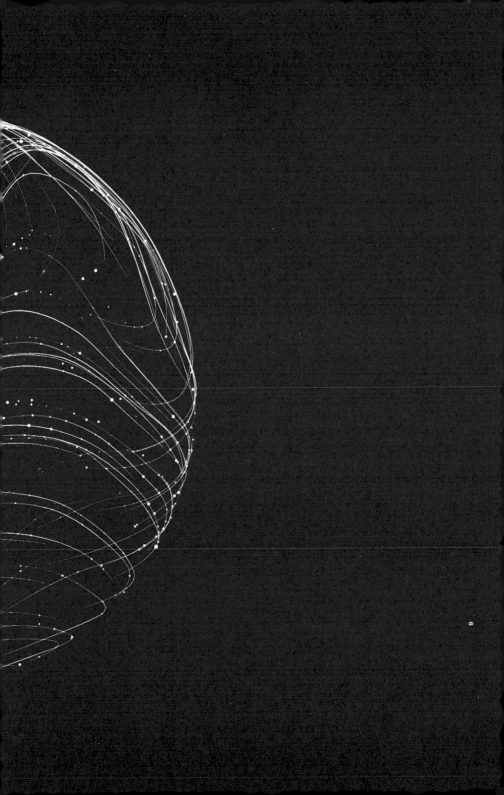

챗GPT라는 연구 파트너에 대하여

2022년 11월 30일 미국의 인공지능 기업 오픈에이아이가 선보인 챗GPT의 영향력은 실로 어마어마했다. 급기야 2023년 3월 29일 미국의 비영리단체 생명의미래연구소는 인공지능의 위험을 안정적으로 제어할 수 있는 체계를 마련하기 위해 최소 6개월 동안 개발을 중단하자는 서한을 공개하기도 했다. 오픈에이아이의 공동 창업자 일론 머스크,《사피엔스》의 저자 유발 하라리, 애플의 공동 창업자 스티브 워즈니악Steve Wozniak 등 1,000여 명의 주요 인사들이 이 서한에 서명해서 더욱 큰 주목을 받았다.

2023년 3월 31일 이탈리아는 개인정보 보호 등의 이유로 챗GPT 접속을 잠정적으로 차단하는 조처까지 했다. 범죄 활용 가능성이나 가짜 정보의 확산 등의 이유 말고도 여러 우려의 목소리가 크다. 심지어 챗GPT가 많은 일자리를 파괴할 것이라는 이유로 디지털 혁명을 반대하는 신러다이트Neo-Luddite 같은 목소리도 흘러나오고 있다. 우리나라는 무엇보다도 교육계를 중심으로 챗GPT의 파장이 확산되고 있다. 벌써 수도권의 한 국제학교에서 챗GPT로 영문 에세이를 작성한 학생들이 적발되어 전원 0점 처리되는 사태까지 벌어졌다. 대학들은 앞다투어 챗GPT 활용 지침서를 만들고 있고, 과제 대필이나 표절 방지를 위한 대책 마련에도 부심하다.

이쯤 되니 기술 발전에 대체로 우호적이지만 얼리 어답터와 거리가 멀었던 필자 역시 언제까지 챗GPT를 모르는 체하며 버틸 수는 없었다. 더군다나 동료 교수나 대학원생들도 여기저기서 챗GPT가 바꿔놓을 과학 연구 현장의 모습이나 과학자를 대체할 것이라는 우려에 대해 이런 저런 얘기를 하고 있으니, 대화에 끼기 위해서라도 챗GPT를 한번 사용해봐야겠다고 마음먹게 되었다.

챗GPT와 대화를 나눠본 결과 챗GPT가 연구 파트너의 자격을 충분히 갖추었다는 기대와 아직 소문난 잔치일 뿐이라는 실망이 교차했다. 짐작건대 대다수 과학자 역시 필자와 유사하게 느꼈을 것이다. 그렇다면 왜 그렇게 기대감과 실망감이 동시에 들었을까? 대답은 간단한데, 오늘날 과학 연구가 진행되는 방식과 속성이 그러하기 때문이다. 따라서 챗GPT가 과학 연구에 미칠 영향을 가늠해보려면 막연한 느낌이 아니라 과학 연구가 실제 어떻게 이루어지고 있는지를 먼저 잘 살펴볼 필요가 있다.

주관성과 우연이 넘치는 과학

과학 연구는 연구 수행과 연구 소통의 두 과정으로 나눌 수 있다. 연구 수행은 가설을 수립하고 확증하는 과정을, 연구 소통은 논문 발표를 통해 연구 결과를 공유하는 과정을 말한다. 과학 연구를 직접 해보지 않은 사람이라면 이 모든 과정이 매우 정교하고 치밀할 뿐만 아니라 체계적이고 논리적이라고 생각할 것이다. 과학 학술지에 실린 연구 논문을 읽으면 과학 연구에 대한 이런 이미지가 당연히 생길 수밖에 없는 것도 사실이다. 하지만 연구 현장, 특히 실험실의 실상은 그렇게 간단하게 말할 수 있는 것이 아니다.

우연과 행운에 기대기도 하고 무모하게 이것저것 해보다가 새로운 돌파구를 마련하기도 한다. 연구가 마무리되는 단계에서 가설이 명쾌하게 정리되고 정교해지는 경우도 허다하고 심지어 연구가 마무리된 상태에서 가설을 전면 수정하고 그에 따라 실험 결과를 재배치하거나 추가 실험을 진행할 때도 있다. 그래서 1960년 노벨 생리·의학상을 수상한 피터 메더워Peter Medawar는 실제 이루어진 연구 과정과 논문에 담긴 내용 사이의 깊은 간극을 지적하기 위해 "과학 논문은 사기일까?"라는 제목으로 강연을 하기도 했다.

연구 결과를 재구성해서 논문을 작성하는 방식은 최근에 나타난 것이 아니다. 아이작 뉴턴Isaac Newton이 1672년 《철학회보》에 발표한 광학 논문 역시 실제 이루어진 연구를 있는 그대로 기술한 것이 아니라 체계적으로 수행한 것으로 가장해서 연구 결과를 발표한 것이다. 오늘날 과학 학술지는 서론, 방법, 결과 및 고찰 등 구조화된 형식에 맞추어 논문을 작성하도록 요구하기 때문에 강제로라도 연구 수행 과정을 재구성할 수밖에 없다. 따라서 연구 중에 흔히 발생하는 실수와 실패의 흔적과 과학자의 고민과 좌절의 모습은 논문을 쓰면서 철저히 삭제되고 만다.

필자가 예전에 쓴 《과학하는 마음》에서 말한 바 있듯, 패러다임을 전환하거나 새로운 경로를 창출하는 연구를 이끌기 위해서는 준비된 우연, 전환적 사고, 훈련된 직관, 꾸준한 열정,

논문에 제시된 연구 과정

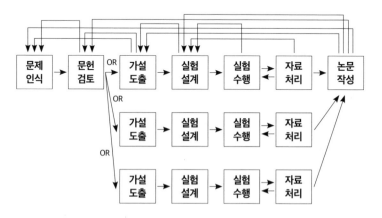

실제 이루어진 연구 과정

논문에 제시된 연구 과정과 실제 이루어진 연구 과정. 챗GPT는 실제 연구 과정을 철저히 재구성한 논문 자료를 학습할 수밖에 없다. 실제 이루어진 연구 과정의 대부분은 공식적인 자료로 남겨지지 않는다.

묵묵한 성실함, 조직화된 호기심, 체화된 실험 기술 등이 필요하다. 그만큼이나 실제 연구가 이루어지는 과학 현장의 모습은 미신이나 독단에 저항하는 근대 과학의 계량적이고 객관적 이미지와 잘 부합되지 않는 면이 크다. 하지만 논문을 발표하고 연구 결과를 소통하는 과정 동안 주관적이고 우연적인 과학의 모습은 철저히 감추어지게 된다.

문제는 연구의 소통 과정

이렇듯 실제로 연구를 수행하고 소통하는 과정은 과학에 대한 정형적인 이미지와는 전혀 다른 모습을 보여준다. 그렇다면 챗 GPT가 과학에 끼칠 영향을 어떨지를 가늠하고 싶다면 이 두 과정을 분리해서 살펴봐야 한다. 챗GPT에 대한 필자의 기대감은 연구 수행 과정이 아니라 연구 소통 과정에 미칠 영향력으로부터 나온 것이다. 필자가 직접 경험해본 결과 논문을 작성하는 데 챗GPT는 상당히 유용했다. 챗GPT가 논문을 직접 써주지는 못하지만 영어 문장을 다듬고 교정하는 데 탁월한 도움을 주었기 때문이다. 주변에서 챗GPT를 사용해봤다는 동료 교수도 이 부분에 대해서는 대부분 동의했다.

영어를 모국어로 사용하지 않는 우리나라의 경우 과학 학술지에 논문을 투고하기 전에 영문 교정 회사로부터 서비스를 받는 것이 일반적이다. 서비스 등급에 따라 100만 원을 상회하기도 하지만 일반적으로 단순한 교정 이상의 편집을 기대하기는 어렵다. 1963년 미국의 외과 의사 토스 맥베이Thos McVeagh의 경우 연구자는 연구 수행에만 전문가이지 연구 소통에는 아마추어이기 때문에 연구 생산성을 향상하려면 전문 작가를 연구진에 포함해야 한다는 주장을 펼치기도 했다. 전문 작가의 도움을 받으면 연구 결과의 의미와 중요성을 훨씬 더 잘 전달할 수 있다는 취지였다. 그만큼이나 논문 작성이 어렵다는 말이기도 하다.

이런 면에서 보면 챗GPT의 등장은 최고의 논문 작성 전문가로부터 언제든 도움을 받을 수 있게 되었음을 의미한다. 또한 영문 교정료에 지불하는 금전적 부담을 상당히 덜 수도 있고 논문 작성을 끝내기까지 걸리는 시간을 절감할 수 있어 연구 자체에 훨씬 더 집중할 수 있게 된 것이기도 하다. 더군다나 챗GPT에 더해 퀼봇quillbot과 같은 또 다른 인공지능 도구를 결합하여 사용하면 영어 논문을 훨씬 더 효과적으로 작성할 수 있다. 물론 그렇다고 해서 챗GPT가 논문을 대필해줄 수 있는 것은 아니다.

아직 연구 데이터를 분석하고 해석하는 능력이 현저히 부족한 것은 물론이고 이미지와 같은 비정형 데이터를 제대로 다루지도 못하기 때문이다. 더욱이 연구 데이터만 가지고 연구의 가설이 무엇이고 주장하는 바가 무엇이며 의미가 무엇인지를 챗GPT가 알아서 논문을 쓰기란 거의 불가능하다. 논문은 철저히 특정 의도와 방향성을 가지고 연구 결과를 재구성한 산물인데 챗GPT가 이런 능력을 지닌 것은 아니다. 달리 말해 현시점에서 챗GPT에게 전문가로서의 판단 능력과 과학적 소양을 기대하기는 어렵다.

물론 챗GPT와 얼마나 대화를 잘 나눌 수 있는지에 따라 챗GPT의 유용성에 관한 생각의 정도는 크게 달라질 수 있다. 어떻든 간에 챗GPT가 연구 수행 과정에 끼칠 영향력은 연구 소통 과정에 비해 훨씬 더 제한적일 수밖에 없다. 비교적 정형화된 가설 확증 단계와 달리 최초의 아이디어에서 가설을 도출해나가는 작업은 아주 모호하고 희미한 과정이어서 주관적 경험, 가치관, 우연, 영감, 직관, 통찰과 같은 비과학적이자 비합리적 요소가 상당히 중요하게 작용하기 때문이다. 논리실증주의자 한스 라이헨바흐Hans Reichenbach와 과학철학자 칼 포퍼Karl Popper도 가설 도출 단계를 예측 불허하고 규칙화할 수 없는 것으로 여겼다.

모호하고 희미한 연구 수행의 모습은 논문을 작성하는 단계에서 논리적, 체계적, 필연적 과정으로 완전히 새롭게 거듭나게 된다. 챗GPT가 익힐 수 있는 논문은 원래 이루어졌던 연구 수행 과정을 있는 그대로 보여주는 것이 아니라 완전히 정제되고 재구성된 결과물인 것이다. 따라서 우연한 발견과 시행

착오를 거치면서 비선형적으로 성숙되는 연구 수행 과정을 챗GPT는 곧이곧대로 알지 못한다. 논문에 적힌 논리적, 필연적 귀결과 실제 이루어진 연구 수행 과정은 완전히 다르기 때문에 논문 내용을 학습한 챗GPT가 과연 얼마나 획기적인 돌파구를 제공할 수 있을지 의문이다.

실제 챗GPT는 창의적인 가설을 제공하는 데는 부족함이 있다. 아직 원론적 수준 이상의 답변을 기대하기 힘들 정도로 전문성이 부족하고, 심지어 잘못된 정보나 엉뚱한 답변을 내놓을 때도 많다. 챗GPT가 필자를 전문가인지 아닌지 확인해보려고 일부러 저런 대답을 하는 것이 아닐까라는 생각이 들 정도이다. 따라서 챗GPT를 생산적으로 이용하려면 과학적 사고와 태도를 바탕으로 허위와 위선에 관대해지는 탈진실의 정서를 매우 경계할 수 있어야 한다. 또한 우리 스스로가 정보나 지식 판단의 주체로서 대안적 사실로 둔갑한 가짜 정보에 이끌리지 않아야 한다.

오류에 취약한 인간의 사고 체계

챗GPT가 제공하는 정보나 지식에 비판적 자세를 유지하는 것이 무엇보다도 중요한 이유 중 하나는 오류에 취약한 우리의 사고 체계에서 찾을 수 있다. 인지심리학자 대니얼 카너먼Daniel Kahneman이 지적한 바 있듯 우리는 대개 시간이 들고 인지적 노력을 많이 기울여야 하는 논리적 사고보다 빠르고 노력이 크게 필요하지 않는 직관적 사고에 우선적으로 의존한다. 이러한 비합리적인 사고 체계로 인해 체계적으로 편향이 발생할 위험이 크다. 따라서 신중하고 합리적인 사고 능력을 함양시키지 않으면 챗GPT가 우리의 사고 편향을 더욱 증폭시킬 수 있다. 이는 과학적 소양과 문화가 더욱 강조될 수밖에 없는 이유이다.

결론적으로 말하면 챗GPT가 아직 제대로 하지 못하는 것이 너무 많기 때문에 챗GPT로 인해 당장 과학 연구 현장이 크게 바뀔 것 같지는 않다. 그러나 챗GPT는 이제 막 생성형 인공지능 기술 시대의 서막을 연 것에 불과하다. 기술은 급속히 상승 작용을 일으키며 발전한다는 점을 놓쳐서는 안 된다. SF 작가이자 미래학자인 아서 클라크Arthur Clarke는 "연로하지만 저명한 과학자가 무엇이 가능하다고 말한다면 그 말은 틀림없이 옳다. 하지만 그가 불가능하다고 말한다면 그 말은 아마도 틀렸을 것이다"라고 한 바 있다.

클라크의 말은 다음 두 사례를 보면 상당히 설득력 있게 들린다. 1903년 10월 《뉴욕타임스》는 적어도 100만 년 이상 지나야 비행기가 하늘을 나는 것이 가능할 것이라고 비판했지만, 두 달 뒤인 12월 17일 라이트 형제는 노스캐롤라이나 키티호크에서 역사상 최초로 12초 동안 36.5미터 거리를 비행하는 데 성공했다. 2004년 경제학자 프랭크 레비Frank Levy와 리처드 머네인Richard Murnane은 《노동의 새로운 분업》에서 변수가 너무 많고 교통 상황이 끊임없이 바뀌는 도로 운전은 컴퓨터가 대체하기 어렵다고 했지만, 2010년 구글은 자율주행 자동차를 선보였고, 2012년 네바다주에서 세계 최초로 운전면허증까지 발급받았다.

기술이 새로운 기회를 창출하고 세상을 변화시킨 대표적 사례 중의 하나로 '모델 T 효과'를 꼽을 수 있다. 헨리 포드Henry Ford가 모델 T 자동차를 선보일 무렵 미국에는 포장도로도 별로 없었고 주유소도 없었다. 하지만 모델 T가 붐을 일으키자 포장도로가 더 많이 개설되면서 미국인의 거주 방식과 일하는 방식이 바뀌었고 도시 근교가 개발되었으며 범죄율도 감소했다. 또한 관광산업이나 자동차 보험 등 새로운 산업이 등장했으며, 자동차 산업을 지원하는 인근 사업들도 덩달아 유망 산업으로 급부상했다. 이처럼 기술은 우리 삶의 양식과 가치 체계를 짧은 시간 내에 크게 바꾸어놓을 수 있다.

그렇다면 챗GPT가 과학자를 대체할 수 있느냐에 대한 논쟁보다 챗GPT와의 협업을 통해 얻을 수 있는 기회와 혜택과 부작용을 고민하면서 미래를 대비해나가는 것이 더욱 현명하고 책임 있는 자세가 아닐까 생각한다.

9장

딸기를 모르는 챗GPT와
시민사회

"챗GPT 시대에 어떤 정치,

어떤 시민사회를 선택할 것인가"

이원재

경제평론가, 경기도 정책 보좌관

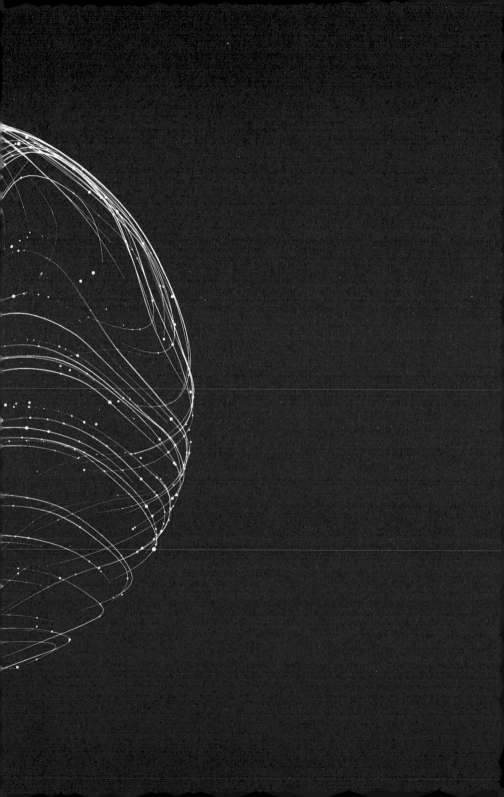

인공지능 창작단의 실험

홍학이요! / 게임 '동물의 숲'에 나오는 코끼리요! / 멋진 풍경 그리고 싶어요.

강의실에는 네 명의 발달장애인 참여자들이 앉아 있었다. 강의실 앞 대형 화면에서는 강사의 컴퓨터 화면이 띄워져 있었다. 강사는 생성형 인공지능을 활용해 만든 '경기도 AI창작단'의 창작 도구 페이지를 띄워두었다. 그림을 그려주는 생성형 인공지능을 활용해 개발한 그림 초안 창작 도구였다. 발달장애인들로 이루어진 '경기도 AI창작단' 교육 현장이었다.

강사는 연신 '무엇을 그리고 싶어요?'라는 질문을 던졌다. 참여자들이 그리고 싶은 상상 속의 장면을 이야기하면, 강사는 그 내용을 넓은 화면에 보이도록 타이핑을 해서 보여주었다. 강사의 추가 질문이 이어졌다. 홍학이 사진처럼 보이면 좋을까요? 아니면 어떤 화가의 그림처럼 그려지면 좋을까요? 몇 마리나 있으면 좋을까요? 홍학의 배경으로는 무엇이 있으면 좋을까요? 동물의 숲에 나오는 코끼리는 혼자 있나요 아니면 여럿이 같이 있나요? 멋진 풍경에는 호수가 있나요? 아니면 산길이 있나요? 사람들이 얼마나 있는 풍경이죠?

참여자들은 신이 났다. "사진같이 보이지 않으면 좋겠어요!" "피카소와 달리 그림처럼 그리면 어떨까요?" "호수가 있는 풍경이면 좋겠어요." "사람은 없이, 조용한 곳이면 좋겠어요!"

강사는 참여자들이 한 말을 하나씩 정리해준다. 일부는 프롬프트 창에 넣어 그림 초안을 그리고, 큰 화면에 띄워 보여주며 어떻게 바꿔나갈지를 두고 참여자들과 토론한다. 그리고 참여자들이 각자의 프롬프트를 만들도록 유도한다. 그리고 각자의 컴퓨터에 띄워져 있는 창작 도구에 입력하도록 한다.

컴퓨터를 다룰 줄 아는 몇몇 참여자는 자신의 창에 프롬프트를 써넣기 시작한다. 보조 강사는 참여자들 옆에 앉아 한 명씩 대화하며 프롬프트를 넣는 과정을 기술적으로 돕는다. 마음에 드는 그림 초안이 나왔을 때, 그 프롬프트를 강사에게 전달한다. 강사는 다시 그 프롬프트로 그림을 생성해 큰 화면에 띄워 모두에게 보여주고 토론을 유도한다.

참여자들은 원래 그림에 관심이 많고, 실제 그림을 그리는 활동을 하던 이들이었다. 하지만 기획하고 창작하는 능력은 높지 않았다. 누군가 초안을 그려주면, 그에 맞춰 꾸미거나 유사하게 그리는 활동을 주로 했다.

이전까지 인공지능은 사람의 손발이 될 수 있을 것으로 여겨졌다. 예를 들면 자동차를 자율주행차로 만들어 단순 작업인 운전을 자동화해줄 것이라고 여겨졌다. 그런데 챗GPT와 같은 생성형 인공지능은 우리에게 전혀 다른 기대를 가져다준다. 손발이 아니라 두뇌가, 단순 작업이 아니라 기획과 창작 작업을 자동화할 수 있을 것이라는 기대다.

원래 창작이나 기획 능력은 불평등했다. 높은 수준의 교육을 받고 지능이 높은 이들의 전유물이었다. 소수의 창작가나 기획자가 낸 아이디어로 세상이 움직이는 것으로 여겨졌다. 대다수 시민은 이들의 기획에 따라 충실한 손발이 되어 단순한 작업을 '노동'이라는 이름으로 이어가며 생계를 꾸리며 살아갔다.

생성형 인공지능은 이런 대다수 시민의 능력을 높이는 '창작 지능' 또는 '기획 지능'이 될 수 있을까? 바로 AI창작단의 실험이 던지는 질문이다. 발달장애인들이 기존 예술 활동에서 한 단계 올라서서, 예술 작품을 기획하고 창작하는 과정까지 인공지능의 도움을 받아 수행할 수 있도록 돕는 프로그램이다.

챗GPT 시대는 우리 사회에 어떤 영향을 끼칠까? 우선 눈에 띄는 것은 공포다. 역사적으로 이전의 많은 기술혁신은 많은 이들에게 풍요와 편리를 가져다주었지만, 한편으로는 불평등을 확대하는 결과를 낳았다. 인간 노동의 일부가 자동화되며 일자리에 구조적인 변화가 나타나기도 한다.

반면 더 많은 사람이 인공지능을 활용할 수 있게 된다면, 인간의 능력을 획기적으로 향상시켜 오히려 능력의 격차가 줄어들 것이라는 생각도 해볼 수 있다. 챗GPT 시대는 그렇지 않아도 커져가던 불평등이 속절없이 더 커진 사회가 될까? 아니면 지식과 타고난 능력의 격차를 어느 정도까지 좁힐 수 있는 사회 혁신을 가능하게 할까? 그래서 기존의 재분배 정책이 건드리지 못했던 불평등의 성역인, 능력의 불평등 또는 지능의 불평등까지도 완화할 수 있을까?

가장 어려운 사람들로 먼저 구성된 경기도 AI창작단은 이런 질문에 대해 답하려는 실험이다. 인공지능 기술이 더 고른 기회를 가져오는 사회로 이어지도록 만들려는 정책적 노력의 출발점이었다.

지능 기계가 가져온 충격

인공지능은 오래된 기술이다. 수십 년 전부터 연구가 진행됐다. 인간 최고의 체스 선수를 이긴 IBM의 딥블루Deep Blue가 나온 게 1990년대 후반이다. 알파고가 이세돌 9단을 이긴 것도 2016년이었다. 챗GPT 역시 이런 '놀라움'의 흐름 위에 있는 하나의 작은 사건으로 여겨질 수도 있다.

하지만 챗GPT는 이전과는 전혀 다른 충격을 가져다주었다. 인공지능을 정말 '지능'이라고 부를 수 있는지에 대한 평가의 기준으로 통용되던 튜링 테스트Turing Test를 통과하는 최초의 인공지능으로 평가받기 때문이다. 챗GPT가 처음 장착한 GPT-3.5부터는 튜링 테스트가 의미가 없어졌고, GPT-4에서는 더 분명하게 튜링 테스트를 넘어선 것으로 보인다. 즉 챗GPT 시대의 특징은, 말만으로는 인간과 구별할 수 없는, '지능을 갖고 말하는 기계'가 대중화됐다는 것이다.

튜링 테스트란 앨런 튜링Alan Turing이 제안한 지능 기계 식별 방법이다. 앨런 튜링은 1950년 〈계산 기계와 지성〉이라는 논문을 발표했는데, 여기서 "어떤 경우에 우리는 기계가 지능을 갖고 있다고 말할 수 있는가"라는, 인공지능과 관련된 본질적 질문을 던진다. 방법은 단순하다. 직접 보지 않고 대화를 나누는

데 기계인지 사람인지 구분할 수 없으면 지능을 가진 것으로 간주할 수 있다는 것이다.

알파고 때까지만 해도, 튜링 테스트를 논할 정도는 아니었다. 알파고는 앨런 튜링의 기준으로 보면, 지능을 가진 기계라기보다는 바둑 기술을 갖고 있는 기계에 가까웠다. 굴착기나 냉장고에 가까웠다는 이야기다. 그런데 챗GPT는 다르다. 대화 내용만으로는 사람과 거의 구분할 수가 없다. 몇 년 전까지만 해도 불가능하다고 여겨졌던 인공지능 모델이 탄생한 것이다. 최초로 '지능 기계'가 나왔다고 볼 수 있는 상황이다.

챗GPT가 가져온 충격의 본질이 여기 있다. 사람과 구분하기가 어렵다. 그런데 사람과의 유사성은 대화 방식에 그치는 게 아니다. 더 본질적으로, 기능 자체도 사람과 구분하기가 어려워진 것이 챗GPT이다.

챗GPT 공개 초기에는 "틀린 이야기가 많다"는 비판이 많았다. GPT-3.5가 GPT-4로 넘어가고 마이크로소프트의 검색엔진 빙이 이 모델을 장착하면서 정확도가 좀더 높아지기도 했다. 다만 이 문제는 어느 정도는 본질적이다.

딥러닝 모델은 본질적으로 사람의 두뇌와 유사한 모델이다. 따라서 일정한 확률로 틀린 이야기를 하는 현상은 이어질 가능성이 높다. 그런데 조금만 생각해보자. 사람이 꼭 그렇다. 대화

중에 정확한 사실만을 이야기하는 사람은 없다. 착각하거나 의도적으로 유리하게 만들거나 무성의하거나, 이유가 어느 쪽이든 사람은 틀린 이야기를 하는 경우가 많다.

인간은 어쩌면 '틀린 이야기를 할 수 있는' 능력 덕분에 오히려 스토리텔링을 할 수 있고 창작을 할 수 있다. 엄격한 사실만 이야기하는 사람이 상상력을 발휘해 놀라운 창작을 하기는 쉽지 않다. GPT 모델의 사실 오류는, 사람의 지능을 닮아서 생기는 일이다. 사람의 지능을 따라가지 못해서 생기는 일이 아니다.

챗GPT는 사람이 못하는 엄청난 일을 해주는 인공지능이 아니다. 꼭 사람처럼 활용할 때 가장 좋은 인공지능이다. 사람처럼 대할 때, 즉 창작과 스토리텔링 등을 주문할 때 가장 큰 가치를 줄 수 있다.

딸기는 모르지만, 나스닥 시장은 안다

물론 GPT는 태생적으로 인간보다 사물에 대한 이해도가 낮은 게 사실이다. GPT는 대규모언어모델이다. 언어 모델은 대상 자체를 인식하는 게 아니라, 단어와 단어 사이의 이음새만 인식하며 글을 만들어낸다. 언어가 묘사하는 세상 그 자체는 인식하지 못한다.

딸기를 예로 들어보자. 챗GPT는 '딸기'를 모른다. 다만 딸기에 대한 여러 가지 설명, 예를 들어 '붉은색의 단맛이 나는 과일' 등을 언어로만 이해한다. 그런데 딸기란 무엇인가? '붉은색의 단맛이 나는 과일'이라는 언어만 알면 딸기를 아는 것인가? 딸기의 촉감, 딸기의 기억, 딸기의 맛 등등을 느껴보지 않고 글로만 딸기를 이해하면 딸기를 아는 것일까? 그렇지 않다.

결국 다섯 살 어린아이가 가장 고도로 발달한 인공지능보다 '딸기'를 훨씬 더 잘 안다고 할 수 있다. 어린아이는 '딸기'나 딸기에 대한 설명을 아는 것이 아니라, 딸기 그 자체를 알기 때문이다. 이런 면에서 챗GPT의 한계는 명확하다. 그래서 챗GPT를 비판하는 사람들은, 세계를 이해하지 못하는 이 모델은 성공할 수 없다고 한다. 어린아이보다도 못한 인식 능력으로는 결국 할 수 있는 일이 없을 것이라는 이야기다. 어쩌면 사람에게 늘 가까이 있고 느낄 수 있는 것일수록, 사람만이 이해할 수 있다. '딸기'처럼 단순해 보이는 사물이 어쩌면 챗GPT에게는 가장 이해하기 어려운 것일 수 있다.

그런데 다시 한번 생각해보자. 우리는 예컨대 '나스닥NASDAQ 시장'을 어떻게 이해하고 있을까? 나스닥 시장을 딸기처럼 풍부하게 이해하고 있을까? 언어로만 이해하고 있는 것은 아닐까? 각종 법률 지식은 어떨까? '막스 베버의 사회학'은 어떤가? '에피쿠로스 학파의 행복론'은 어떤가? 실은 사람도 알고 있는 지식의 많은 부분을 순전히 언어로만 익힌 것 아닌가? 그렇다면 그런 개념을 이해하는 지능은 사람과 기계가 거의 같다고 볼 수 있지 않을까? GPT도 세상을 이해하고 있다. '나스닥 시장'이나 '한계 효용'처럼 어렵고 추상적인 것일수록 오히려 사람과 비슷한 방법으로 이해한다.

이런 '추상적 언어 인식 능력'은 이전에는 인간 고유의 능력으로 여겨졌다. 그래서 '딸기'를 다루는 과일 장수의 노동보다 '나스닥 시장'을 다루는 금융인의 노동, '에피쿠로스 학파의 행복론'를 다루던 교수의 노동이 더 고급스럽고 인간적인 것으로 여겨졌다. 추상적 개념을 다룰수록 더 많이 존중하고 더 많이 보상했다. '화이트칼라 노동', 즉 '지식 노동'의 신화는 그렇게 형성되었다.

노동의 종말이 올까?

챗GPT는 딸기를 모른다. 대신 '나스닥 시장'은 아주 잘 안다.

그래서 챗GPT는 그래서 화이트칼라 노동에 위협적이다. 여기에 인간 고유의 일이라고 여기던 '지식의 생성 능력'까지 얻으면서 챗GPT 시대의 인공지능은 노동 시장, 특히 지식 노동을 뒤흔들 잠재력을 갖게 되었다.

이미 마이크로소프트는 오피스365의 '코파일럿 기능'을 발표했다. 워드, 엑셀, 파워포인트 작업의 상당 부분이 자동화된다는 발표다. 또 다른 문서 작성 서비스인 감마Gamma도 프리젠테이션과 문서와 웹페이지 자동 생성 기능을 내놓았다. 제목만 정하면 좀 어려운 주제에 대한 프리젠테이션 자료도 세련된 디자인으로 1~2분 만에 만들어준다. '실무의 종말' 수준의 직무 대격변이 일어날 것은 확실해 보인다.

이런 격변이 현실화되면, 중간 수준 지식 실무 노동이 빠른 시간에 소멸하며 격차가 벌어질 것이다. 문서 작성이 대부분 자동화될 텐데, 워드, 엑셀, 파워포인트로 문서를 작성하는 일자리나 교육이 의미가 있을까?

전 세계 수억 명의 노동자들이 영향을 받을 것이다. 기존 일자리는 사라지거나 채워지지 않을 것이다. 새로운 능력을 찾아내지 못한 노동자 계층은 사실상 실업 상태로 진입할 것이다. 디자인과 웹페이지 작성 등을 맡고 있는 플랫폼 노동자 상당수가 일거리를 잃어버릴 것이다. 비정규직과 플랫폼 노동 형태로

하고 있는 일이 가장 먼저 위기에 처할 것이다. 고용을 보장받은 정규직이나 공공 부문, 그리고 권력을 가진 면허 전문직들은 여전히 안전할 방법을 찾아낼 것이다.

관리직처럼 결정하고 책임지며 소통하는 일자리가 훨씬 더 많이 필요해질 것이다. 현장에서 사람을 돌보고 소통하는 일이 더욱 중요해질 것으로 보인다. 리더십과 소통 능력이 절실한 직무들이다. 대신 이런 리더들을 보조하는 데 필요한 다양한 업무와 그 인력은 대폭 줄어들며 효율화될 수 있다. 이른바 '스태프 조직'이 가장 큰 위기를 맞을 수 있다. 이에 맞춰 기업 조직에도 큰 변화가 생기게 될 것 같다.

2013년, 옥스퍼드대학교의 칼 베네딕트 프레이Carl Benedic Frey와 마이클 오스본Michael Osborne은 "자동화로 절반 가까운 일이 사라질 것"이라는 예측을 내놓았다. 경제협력개발기구OECD에서는 중간 일자리가 디지털 전환의 가장 큰 영향을 받을 것이라고 발표했다. 많은 사람들은 그들의 예측을 부정했다. 하지만 결국 그 예측들은 맞아들어 가고 있다.

불안의 시대를 잘 버티려면, 직업훈련과 고용보험 제도와 사회보장 제도의 대수술이 필요해질 것이다. 특히 보편적 기본소득제와 같은 정책 논의가 활성화될 것으로 보인다. 거대한 정책 전환이다. 이런 정책이 논의되려면, 시민들의 목소리가 지금보다 커져야 한다. 기존의 경제 구조, 정치 구조를 그대로 유지한다면 전환은 쉽지 않다. 그래서 시민의 목소리가 정책에 직접 반영될 수 있는 구조를 만드는 일이 중요하다.

시민사회의 위기와 기회

인공지능은 시민에게 양날의 칼이다. 잘 활용하면 시민이 직접 고도의 정책 제안을 할 수 있다. 국회의원이나 공무원의 도움을 받지 않고도, 챗GPT와 대화하면서 좋은 정책을 만들어 제안할 수도 있다. 일반 시민 개인도 특정 사안에 대해 논리를 잘 만들어 전문가들과 치열하게 논쟁할 수 있다. 시민이 정책에 직접 의견을 내고 토론하며 의사결정을 하는, 직접민주주의가 강화될 수 있다.

하지만 거꾸로 권력이 시민에 대해 고도의 감시를 하게 될 수도 있다. 초거대 인공지능 모델을 소유한 인공지능 플랫폼 기업이 우리의 가치를 지배하게 될 수도 있다. 독점 이익이 더욱 커지면서 불평등이 확대될 수도 있다.

결국 시민사회와 정치가 대응하기 나름이다. 모든 시민이 인공지능을 활용해 각자 자신의 가치를 지닌 1인 NGO를 만들어 활동하는 사회가 될 수도, 정부와 거대 기업이 인공지능을 활용해 모든 시민의 일거수일투족을 감시하고 통제하는 사회가 올 수도 있다.

격변의 시대는 늘 진보를 가져오기도 하고 역사의 비극적 후퇴를 가져오기도 했다. 챗GPT 시대도 예외는 아니다. 어떤 정치, 어떤 시민사회, 어떤 노동을 선택할 것인가. 우리는 지금 사회적 선택의 갈림길에 서 있다.

분명한 것은, 미래의 문을 열 열쇠는 시민들에게 있어야 한다는 점이다. 즉 인공지능의 활용권과 통제권을 시민들에게 돌려주어야 한다. 이른바 '리터러시'와 '거버넌스'이다. 그 열쇠를 찾아 시민들에게 쥐여줄 책임은, 정치가 짊어지고 있다. 딸기를 아는 시민이 나스닥 시장을 이해하고 법 제도를 꿰고 있는 챗GPT를 잘 부리며 투표하고 투자하는 세상, 어쩌면 그게 우리가 꿈꾸던 이상적 민주주의 사회일지도 모른다.

10장

챗GPT가 메타인지를 시작하면 우리는 어떻게 될까?

"슬프게도 우리는 점점 기계를 닮아가고 있다"

리사 손

컬럼비아대학 바너드칼리지 교수

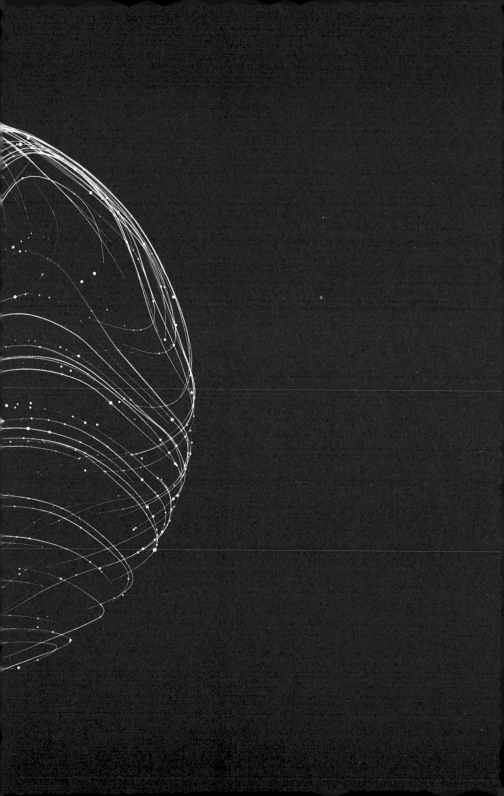

모르는 것을 모른다고 말하는 것

2022년 말, 챗GPT가 전 세계적 열풍에 휩싸였을 때 학계에도 우려와 혼란의 목소리가 높아졌다. 필자가 속한 컬럼비아대학교에서도 학장과 교수진이 모여 학생들에게 미칠 수 있는 잠재적 피해를 논의하고 이 '봇'을 교육에 적절하게 통합하는 방법을 두고 긴급 전략을 논하는 자리가 만들어졌다. 필자 또한 그회의에 참석했고 많은 우려의 목소리를 들었지만, 사실 실질적으로 큰 우려는 되지 않았다. 메타인지metacognition를 연구하는 심리학자의 관점에서 볼 때, 챗GPT는 '생각하는 법'을 모르기 때문이었다.

챗GPT는 생성형 인공지능으로서 기존 콘텐츠를 기반으로 새로운 콘텐츠를 생성하는 기본 패턴을 따른다. 즉 새로운 단서에 대한 적절한 반응을 예측하기 위해 학습 모델을 구축하도록 훈련받은 것이다. 주지하다시피 챗GPT의 작동 방식은 사용자로부터 문자 형태의 프롬프트 메시지를 받고 인간과 유사한 응답을 내놓는 방식이다. 필자 또한 챗GPT과 처음 대화를 해보았을 때, 한눈에 깊은 인상을 받았다.

첫 번째 프롬프트는 간단한 인사로 시작했다. "안녕"
챗GPT가 대답한다. "안녕하세요! 오늘은 무엇을 도와드릴까요?"
다음으로 "잘 지냈어요?"라고 물었다
(필자는 챗GPT를 지식을 주는 로봇보다는, '챗'이라는 이름에서 유추되듯이 외로움을 덜어주는 로봇으로 접근했다. 따라서 지식을 얻기 위한 질문보다는 기본적으로 스몰토크를 유도했다.)

챗GPT가 대답했다.

"저는 인공지능 언어 모델로서 사람처럼 감정을 느끼지는 못하지만, 제대로 작동하고 있으며 어떤 질문이나 작업도 도와드릴 준비가 되어 있습니다. 오늘은 무엇을 도와드릴까요?"

연이은 질문에도 아래와 같이 대답했다.

"저는 인공지능 언어 모델이기 때문에, 날씨나 날짜 같은 물리적인 현상에 대한 감각은 없습니다. 하지만 궁금한 것이 있으면 언제든지 물어보세요! 도와드리겠습니다."

나는 메타인지를 연구하는 사람으로서 이러한 기계의 정직함에 다소 놀랐고 감명을 받았다. 챗GPT가 자신이 모르는 것을 모른다고 말했기 때문이다. 주지하다시피 메타인지란 자신이 무엇을 알고, 무엇을 모르는지 파악하는 능력에 가깝다. 즉 생각에 관한 생각, '자신의 기억, 느낌, 자각하는 모든 것을 판단하는 능력'이다.

이러한 의미에서 챗GPT는 '자신이 무엇을 모르는지 아는' 것 같았고 무리하게 사람을 흉내 내지도 않았다. 그리고 이걸 확인하는 것이 애초에 내 대화의 목표이기도 했다.

이렇듯 자신이 무엇을 알고 무엇을 모르는지 아는 '메타인지'는 인간과 기계를 비교할 때 인간만의 특성이라고 오랫동안 강조되어온 면모이기도 하다. 그런데 "내가 이 사실을 알고 있는가?"라는 개념을 포함하여 자기 성찰의 증거가 더 발견된다면, 챗GPT가 예상보다 더 똑똑할지도 모른다는 걱정이 들었다. 회의 자리에서 다른 교수 동료들의 우려가 이해되기 시작했다. 챗GPT가 인간의 인지뿐만 아니라 메타인지까지 모방할 수 있다면 인간과 기계의 구분이 어려워질 수 있기 때문이다. 또한 나는 교육자로서 표절 사례를 적발하는 것 또한 힘들어질 게 뻔했다.

하지만 "모르겠어요"라는 대답을 뱉어내는 것이 메타인지에 대한 진정한 튜링 테스트일까? 튜링 테스트는 기계를 지적 존재로 간주할 수 있는지 알아보는 테스트이다. 어느 쪽이 인간이고 기계인지 알려지지 않은 상황에서 누군가가 질문을 던지고, 그에 대한 각각의 답을 보며 유추하는 것이다. 필자는 메타인지라는 도구로 튜링 테스트를 해본 셈이지만, 챗GPT는 "모른다"라는 대답을 한 것만으로 이 테스트를 통과한 것일까?

여기, 그렇지 않다고 말하는 사람이 있다. 신경과학자이자 《2029 기계가 멈추는 날》의 공저자인 게리 마커스Gary Marcus는 최근 트위터에 "챗GPT-4는 두꺼비 정도의 메타인지 능력을 가지고 있습니다"라는 글을 올렸다. 세계적인 신경과학자이자 책 《내가 된다는 것》의 저자 아닐 세스Anil Seth의 글을 리트윗하며 덧붙인 말이었다. 아닐 세스는 다음과 같이 말했다.

챗GPT-4는 인상적이지만 간단한 메타인지 테스트를 통과하지 못했습니다. 오류를 수정하거나 오류 가능성을 피하기 위해 더 일반적인 응답을 할 수 있을 거라고 생각했는데, 오히려 더 잘못된 답을 내놓는다는 사실이 드러났습니다.

챗GPT의 메타인지 능력에 대한 두 신경과학자의 코멘트는 깊은 시사점을 남긴다. 챗GPT의 진정한 '메타인지 튜링 테스트'는 기계가 단순히 '모른다'라는 말을 뱉어낼 수 있는지 여부가 아니라, 기계가 잘못된 답, 즉 오류를 뱉어냈다 하더라도 그 이후에 '실수였다'고 인정하고 이를 수정할 수 있는지 여부가 진정한 테스트가 될 수 있음을 의미한 것이다.

실패를 못하는 챗GPT의 실패

오류를 어떻게 식별할 수 있을까? 기본적으로 내가 오류를 범했다는 것을 안다는 것은 더 나은 선택지를 찾았다는 것을 의미할 수 있다. 누군가 나에게 '메타인지'의 정의를 물어본다면, 나는 내 생각을 말하기 전에 이런 말을 덧붙일 것 같다. "100퍼센트 확신하며 말하건대" 또는 "확실하지는 않지만 최선을 다해 추측해보건대"라고 말이다. 이는 미리 내 생각에 대한 확신 정도를 알리는 것이다. 하지만 챗GPT도 나처럼 할 수 있을까? 스스로 내뱉는, 자신의 답변이 얼마나 정확한지 가늠할 수 있을까?

나는 다시 챗GPT에게 질문했다. "메타인지란 무엇인가요?" 그러자, 그 즉시 다음과 같이 자세한 답변이 나왔다.

메타인지란 자신의 사고 과정, 학습 및 문제 해결 전략에 대해 생각하고 반성하는 능력을 말합니다. 메타인지에는 자신의 인지 능력, 강점 및 약점을 인식하고 자신의 사고와 학습을 모니터링하고 통제할 수 있는 능력이 포함됩니다. 메타인지는 개인이 보다 자기 주도적이고 효율적이며 효과적인 학습자가 될 수 있도록 도와주므로 학습 및 개발의 중요한 측면입니다. 메타인지 능력이 뛰어난 사람은 자신의 학습을 조절하고, 적절한 목표를 설정하고, 오류를 식별 및 수정하고, 원하는 결과를 달성하기 위해 필요에 따라 전략을 조정할 수 있는 능력이 더 뛰어납니다.

하지만 역시나, 응답의 '확신 정도'에 대해서는 일언반구도 없었다. 자체적으로 자신이 한 응답에 스스로 확신의 정도를 적절하게 표현할 수 없다면 이를 수정하거나 개선할 방법이 없을 가능성이 높다. 문제를 인식해야 그 문제를 수정할 수 있고, 앞으로 나아갈 수 있기 때문이다.

하지만 나는 챗GPT에게 메타인지를 할 수 있는 기회를 한 번 더 줬다. "얼마나 확신하는 거죠?"라고 물은 것이다. 챗GPT는 즉시 '자신 있게' 대답했다.

저는 인공지능 언어 모델로서 학습 데이터와 알고리즘을 기반으로 정보를 제공하도록 프로그래밍되어 있습니다. 따라서 메타인지에 대한 저의 설명이 정확하고 현재 개념에 대한 이해를 반영하고 있다고 매우 확신합니다. 하지만 더 궁금한 점이 있거나 제가 더 명확히 설명해드리고 싶은 부분이 있다면 언제든지 알려주세요.

챗GPT는 '매우 확신highly confidence'한다는 표현을 썼다. 이처럼 자신의 지식을 평가할 때, 일말의 망설임이 없다는 것은 무엇을 의미할까? 이는 어떤 질문에 대한 답변이 될 만한 다양한 예상 답변들을 비교하고, 계속해서 끈기 있게 궁리해나가는 것을 할 수 없다는 것을 의미한다. 반대로 가능한 결과물이 하나뿐이라면 오류를 인정할 수도 없고 스스로 고칠 이유도 없다.

요약하자면 챗GPT는 생략의 오류omission error는 표현할 수 있지만(예: 모르겠습니다), 실행의 오류commission error(예: 죄송합니다. 다시 연락드리겠습니다)는 받아들이지 못하는 것으로 보인다. 후자는 단순한 오류가 아니라 오류를 인정하는 표현으로, 메타인지의 특징이다. 또한 챗GPT가 거의 즉각적으로 반응한다는 사실은 진정한 사고나 성찰이 부족하다는 방증일 수도 있다(Benjamin et al., 1998).

이처럼 챗GPT가 초래한, 인공지능에 대한 두려움이 커지고 있는 시점에서, 물리학자이자 MIT 교수인 맥스 테그마크 Max Tegmark의 말을 귀담아들을 필요가 있다. 그는 "우리는 한 가지 사안에 대해, 완벽하지 않은 정도로만 아는 컴퓨터를 더 두려워해야 한다"고 말했다. 왜냐하면 챗GPT의 대답이 제법 훌륭하면서도 확신의 정도가 낮다면(완벽하지 않다면) 이는 메타인지 능력이 뛰어나다는 증거가 될 수 있기 때문이다. 즉, 자신이 무엇을 모르는지 알고 더 많은 정보를 찾아 학습하려고 하는 인지를 발휘하는 것이다.

하지만 안타깝게도 현재 챗GPT는 자신의 지식이 부족할 수 있다는 것 자체는 알고 있지만, 이를 극복하기 위한 추가 학습이나 도움을 요청하지 않는다.

공부를 할수록 더 알게 되는 부족함

컴퓨터과학자이자 몬트리올대학교 교수로 인공지능의 대부에게 수여하는 튜링상을 수상한 몬트리올학습알고리즘연구소 MILA의 소장인 요슈아 벤지오는 다음과 같이 말했다.

> 우리는 특히 사회과학과 인문학 분야의 연구자들의 노력을 자극해야 합니다. 왜냐하면 이 솔루션에는 기술적, 계산적 측면뿐만 아니라 특히 사회적, 인간적 고려 사항이 포함되기 때문입니다. (2023년 4월 5일)

나는 벤지오의 말을 이렇게 해석한다. '챗GPT가 인간을 모방하는 것이 목표라면, 먼저 속도를 늦추고 틀릴 것을 예상하는 법을 배워야 한다.'

특정 분야에서 평생을 노력하면서 완벽을 추구하며 일하고 연구하는 사람들은 그 전문성이 쌓일수록 오히려 내가 어느 분야를 모르는지 더 철저하게 알게 된다. 하지만 시간이 오래 걸리더라도 부족한 지식을 얻는 데 도움을 받을 수 있는 방법이 있다는 것을 알기 때문에 안심할 수 있다. 따라서 전문가로서 우리의 목표는 단순히 한 가지에 대해 많이 아는 것이 아니라,

틀렸을 때 도움을 받을 수있는 방법을 터득하는 것이 된다. 그렇기 때문에 학습자이자 교사로서 나의 목표는, 실수로부터 배울 수 있는 사람을 키우는 것이다.

사실 가르치는 일에서 가장 어려운 점은 학생들이 틀릴 수 있지만 잘못된 지식을 '고칠' 때까지 계속해서 정보를 찾게 하는 것이다. 시험 성적이 좋지 않은 학생은 포기하고 싶거나 절대 배우지 못할 것이라고 생각하는 경우가 너무 많다. 하지만 이런 반응이 바로 챗GPT의 반응이다. 이것은 자신이 모른다는 것을 알고 있고, 그것에 대해 할 수 있는 일이 없다는 것을 아는 반응이다.

메타인지적 반응은 다르다. 여기에는 '내가 틀렸다'는 평가가 포함되지만, 새로운 정보를 받아들여 이전의 오류를 더 정답에 가깝게 조정할 수 있는 올바른 후속 전략이 포함된다. 반드시 '정답'이 아니라 '더 많은' 정답을 강조하는 것이다. 메타인지는 목표에 도달하는 것이 아니라 새로운 정보를 받아들일 때마다 순간순간 조정하는 것이다. 학습자가 시시각각 적응하도록 하려면 어떤 종류의 테스트 전략이 가장 좋을까?

여기서는 객관식 문제와 주관식(단답형) 문제라는 두 가지 유형의 일반적인 시험 문제를 비교해보겠다. 요점을 명확히 하기 위해 다시 챗GPT의 도움을 요청했다. 심리학 분야에서 널리 알려진 개념인, 서열위치함수에 관한 객관식 문제를 작성해 달라고 요청했다. 다음은 내가 받은 질문(및 답변)이다

"다음 중 서열위치함수가 나타내는 설명은 어느 것입니까"
A) 사람들은 목록의 중간에 제시된 항목을 시작이나 끝에 제시된 항목보다 더 잘 기억하는 경향이 있다.
B) 사람들은 목록의 중간이나 끝에 제시된 항목보다 목록의 처음에 제시된 항목을 더 잘 기억하는 경향이 있다.
C) 사람들은 목록의 중간이나 처음에 제시된 항목보다 목록의 마지막에 제시된 항목을 더 잘 기억하는 경향이 있습니다.
D) 사람들은 목록 전체에 무작위로 제시된 항목을 똑같이 잘 기억하는 경향이 있다.
정답은 B. 서열위치함수는 '사람들이 목록의 시작(우선순위 효과)과 끝(최근성 효과)에 제시된 항목을 중간에 제시된 항목보다 더 잘 기억하는 경향을 말한다'입니다.

여기서 정답은 B다. 먼저 챗GPT는 실제로 "정답이 있다"고 답했다. 이는 조정할 여지가 없거나 조정할 필요가 없다는 것을 의미한다. 이렇게 되면 학생 입장에서는 서열위치함수의 특징인 다양한 맥락의 가능성을 생각할 필요가 없게 된다.

위의 객관식 문제를 주관식 문제와 비교해보자. 챗GPT에 서열위치함수에 대한 주관식 문제를 작성해달라고 요청했다. 결과는 다음과 같았다.

서열위치함수에서 우선순위 및 최근성 효과의 강도에 영향을 미칠 수 있는 요인은 무엇이라고 생각하십니까?
이 질문에 대한 답으로는 목록의 길이, 항목이 제시되는 속도, 항목의 유사성, 과제의 인지적 부하, 작업 기억 용량과 주의력 조절의 개인차 등이 있을 수 있습니다. 다른 요인도 영향을 미칠 수 있으며, 이러한 변수 간의 복잡한 상호 작용과 서열위치함수의 기억력에 미치는 영향을 완전히 이해하려면 추가 연구가 필요합니다.

이 결과를 보면 이미 챗GPT는 '가능한' 답변을 유도하는 질문을 제공한다는 것을 알 수 있다. 실제로 서열위치함수에서 항목이 제시되는 속도는 우선순위 효과의 강도에 영향을 미치며, 학생이 서열위치함수를 설명하는 방식에 변화를 가져올 수 있다.

하지만 진정한 주관식 개방형 질문은 학습자가 다양한 맥락과 다양한 요인에 대해 생각할 시간을 가질 수 있게 해준다. 가장 중요한 것은 학습자가 여러 가능한 답을 비교하고, 완벽한 답은 아닐지라도 가능한 답 중에서 가장 좋은 답을 선택하도록 깊이 사유해야 한다는 점이다. 요컨대, 진정한 개방형 질문은 학습자가 자신의 생각을 업데이트할 수 있도록, 계속 호기심을 부추기는 시나리오를 제공한다.

인간이 로봇을 닮아간다는 것

교사로서 나는 학생들이 불확실성에 직면했을 때 스스로 생각하게 하는 것이 가장 큰 목표라고 생각한다. 예를 들어 표절처럼, 학생의 생각을 챗GPT가 대신하는 것에 대해 걱정할 수 있다. 하지만 이 문제를 피할 수 있는 간단한 방법이 있다. 주관식 문제와 같이 느리고, 깊고, 불완전한 응답을 위해 설계된 시험을 만드는 것도 한 가지 방법이다.

인간을 모방하는 챗GPT보다 더 큰 문제는 그 반대편에 있다. 적어도 현재로서는 로봇이 인간을 닮아가고 있는지는 중요하지 않다. 더 무서운 것은 인간이 로봇을 닮아갈 가능성이 있다는 사실이다. 즉 우리는 빠르고 완벽한 응답을 포함하여 기계와 같은 행동을 조장하는 방식으로 가르치고 있다.

브라운대학교에서 컴퓨터과학과 철학을 전공한 브라이언 크리스천Brian Christian은 저서 《가장 인간적인 인간》에서 인간과 기계를 구분하는 것이 얼마나 어려운 일인지 역설한다. 그러나 그의 책에 대한 〈뉴욕타임스〉 서평은 "크리스천이 그 과정에서 배운 것은 기계가 모방 게임에서 자주 이긴다면 그것은 기계가 인간처럼 행동하는 능력이 좋아져서가 아니라 우리가 점점 더 나빠지고 있기 때문이라는 것이다"라고 말한다. 안타깝게도 나 역시 이에 동의한다.

11장

우리에게는
AI 리터러시가 필요하다

"챗GPT는 생각하지 마!

발전된 기술이 가져온 프레임을 깨는 법"

이유미
중앙대 인문콘텐츠연구소 교수

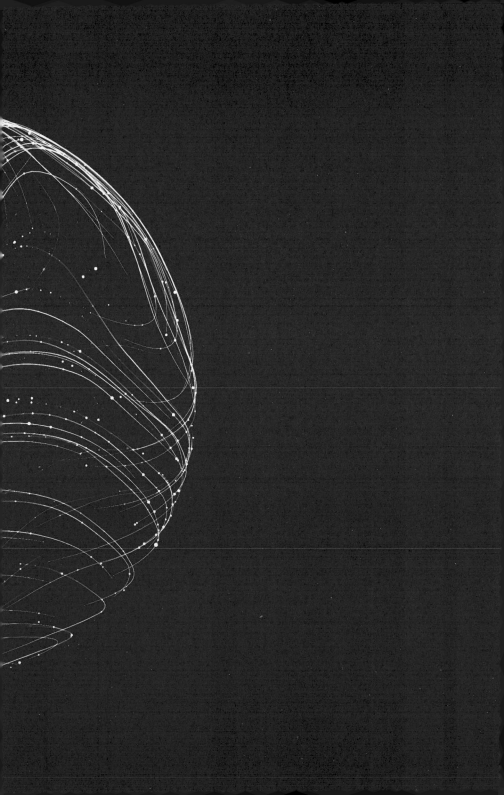

기술 혁신과 프레임의 전환

사회학자 어빙 고프먼Erving Goffman은 언어적 현상뿐 아니라 사회적 현상을 분석하면서 프레임Frame이라는 개념을 사용하였다. 프레임은 인간의 경험을 조직화하는 데 중요한 구조일 뿐 아니라, 세상을 바라보는 중요한 관점이다. 조지 레이코프 George Lakoff의 책《코끼리는 생각하지 마》와《프레임 전쟁》에서도 언어를 통해 생성되는 '프레임'을 이용한 전략적인 언어 사용에 대하여 설명한다. 이 책에서 보여주는 첫 장의 예시는 "코끼리를 지금부터 생각하지 마세요"라고 교수가 이야기하면 그 순간부터 학생들은 코끼리만 생각하게 된다는 것이다.

이처럼 인간은 언어의 지배를 받아 화자가 의도한 프레임 안으로 들어가곤 한다. 필자는 인공지능 시대를 맞아 더 자주

'프레임' 이론을 떠올리게 된다. 물론 우리 사회를 움직이는 많은 것이 프레임이라고 볼 때, 인공지능만이 문제인 것은 아니지만, 인공지능 기술은 인간의 방법보다 인식하기 어렵다는 점에서 더 우려스럽다.

2022년 말부터 생성형 인공지능, 챗GPT 서비스의 선풍적인 인기를 실감하면서 스마트폰이 처음 등장한 때가 생각이 났다. 그래서 프레젠테이션 수업에서 아직도 중요한 자료로 활용되는, 스티브 잡스Steven Jobs의 아이폰 첫 출시 프레젠테이션 영상을 다시 찾아보았다. 그 영상 속 청중은 전화와, 아이팟, 그리고 인터넷을 하나의 기계 안에서 활용할 수 있을 것이라는 상상을 하지는 못한 채 그 연설을 듣고 있었을 것이다. 아이폰은 그야말로 당대의 혁신이었을 뿐 아니라 잡스가 예견했듯 우리 삶의 많은 부분을 변화시켰다. 아마도 우리는 챗GPT에 이런 것을 기대하는지 모른다.

잡스의 프레젠테이션 영상을 다시 보면서 새롭게 느낀 점 중 하나는 사람들이 새로운 아이팟과 전화에는 매우 열광적이지만, 혁신적 인터넷에는 그만큼 열광하지 않았다는 것이다. 물론 여러 이유가 있겠지만, 당시의 기술 발전 상황으로 볼 때 모바일 인터넷이 매우 제한적이었기 때문에 그것에 대한 기대가 전화나 아이팟의 개선보다 약했을 것으로 보인다. 그러나 모든 프레젠테이션이 끝난 후 소비자 반응에 대한 기사를 보면, 인터넷이 되는 휴대전화에 대한 크나큰 기대와 충격을 확인할 수 있다. 아이폰은 이처럼 기존의 소비자들이 통화 기기로서의 휴대전화에 대한 프레임을 전화, 음악, 인터넷 등을 망라한 멀티 컴퓨터 기기 프레임으로 전환하는 계기가 되었다.

지식의 판정자와 정보 편향

아이폰의 등장이 그러했듯이 챗GPT도 인간이 기계와 대화를 할 수 있다는 새로운 시각을 가지게 하였다. 챗GPT는 사람과 대화하듯이 자연스럽게 대화를 이어갈 수 있을 뿐 아니라, 중요 정보를 검색하지 않고 질문해서 호출할 수 있다는 점, 코딩, 언어 번역, 콘텐츠 생성, 텍스트 요약 등 그 기능이 다양하다는 점에서 매우 흥미롭다. 이 기술에 대한 사람들의 관심은 2022년 11월 30일 출시 후 5일 만에 100만 명, 2주 만에 200만 명의 사용자를 돌파한 결과로도 보여준다. 이 기록은 넷플릭스Netflix는 3.5년, 에어비앤비Airbnb가 2.5년, 페이스북이 10개월 걸려 달성한 기록이라는 점에서 압도적이다.

이런 선풍적인 인기를 끌고 있는 챗GPT를 보니 기술 발전에 대한 감탄과 동시에 너무 빠르게 발전해가는 인공지능 기술에 대한 어느 정도의 두려움도 느껴진다. 인공지능 기술에 대한 두려움은 단순히 불쾌한 골짜기Uncanny Valley(인간이 로봇 등인간이 아닌 존재를 볼 때 해당 존재와 인간의 유사성이 높을수록 호감도도 높아지지만, 일정 수준에 다다르면 오히려 불쾌감을 느낀다는이론)의 차원도 있겠지만, 기술이 사회에 미칠 영향성에 대한불투명성이 더 크기 때문이 아닐까 싶다.

챗GPT는 너무나 유려한 대답을 편안하게 제공한다. 하지만 정보의 부정확성 그리고 검색을 통해 다양한 정보를 제시하는 것이 아니라 마치 정답인 양 하나의 정리된 정보만 제공한다는 점에서 문제가 있다. 그렇기 때문에 정보의 사실성을 확인하기 위해서는 사용자가 더 많은 노력을 기울여야 한다.

흔히들 챗GPT의 문제로 제기하는 '환각'은 단순히 기술적오류로만 취급할 수 없다. 챗GPT가 더 정교하게 오류를 생성할 때 사용자가 이것을 구별할 수 없다면 잘못된 정보를 그대로 수용하게 되기 때문이다.

"조선왕조실록에 기록된 세종대왕의 맥북프로 던짐 사건에 대해 알려줘."

챗GPT의 오류를 보여주기 위한 밈의 형태로 유명해진 문장이다. 이 문장에 대해 챗GPT는 다음과 같은 대답을 제시했다.

"세종대왕의 맥북프로 던짐 사건은 조선왕조실록에 기록된 일화로, 15세기 세종대왕이 새로 개발한 훈민정음(한글)의 초고를 작성하던 중 문서 작성 중단에 대해 담당자에게 분노해 맥북프로와 함께 그를 방으로 던진 사건입니다."

많은 한국 사람은 이러한 문장이 당연히 오류임을 인식하겠지만, 한국 역사에 대한 인식도 맥북프로에 대한 정보도 없는 사람이라면 이 결과가 거짓임을 알기 어렵다. 사실상 챗GPT를 사용해보면 전문 분야에서 질문의 오류를 경험할 때가 많다. 이러한 오류 앞에서 우리는 결국 인간이 가진 정보의 정밀성이 이 기술에 속지 않는 중요한 요소임을 깨닫게 되고, 나아가 이 기술은 어떤 의미가 있을까를 생각하게 된다. 그러나 이러한 생각을 할 수 있는 것은 챗GPT가 아직은 불완전하며 따라서 이를 검증해야 함을 인식하고 있기 때문이다.

그런데 시간이 지나서 챗GPT와 같은 생성형 인공지능이 더 발전되어 오류율이 현저히 낮아진다면 더 이상 이것을 검증하려 들지 않을 것이다. 인터넷 검색으로 올라온 정보가 사실

인지 아닌지 확인하기 위해 많은 시간을 들이지 않는 것처럼, 생성한 결과가 진실이라고 믿게 될 날이 오게 될 것이다. 이런 날이 오면 "내가 어제 신문에서 봤어, 뉴스에 나왔어"였던 말싸움이 "검색을 해보자"로 바뀐 것처럼, 이제는 "챗GPT에게 물어봐"로 변화하고, 챗GPT는 지식의 판정자가 될 것이다.

챗GPT가 판정자가 되는 것은 생각보다 두렵다. 판정은 정답이고, 정답은 지금이 아닌 미래에까지 영향을 미치는 기반이 될 것이기 때문이다. 깜박이는 챗GPT의 대화창은 처음 구글의 검색창을 마주쳤을 때의 느낌을 받는다. 아직은 커튼이 닫힌 창이지만, 그곳에 내가 무엇인가 알고 싶은 것을 적으면 커튼이 걷히고 새로운 세상을 보여준다. 구글이 보여준 세상이 파노라마 같은 세상이었다면, 인공지능에 기반한 챗GPT의 세상은 하나의 풍경만을 보여주는 세상이다.

챗GPT와 같이 생성형 인공지능은 정보 추출에서 편의성을 더하지만, 정확성의 문제를 넘어 편향성의 문제도 야기할 수 있다. 우리가 검색보다는 유튜브Youtube 알고리즘의 추천을 통해 무의식적인 시청을 하고, 이를 통해 관심과 취향이 강화되면서 다양한 분야에 대한 관심을 점차 잃어가듯이, 챗GPT의 생성형 대화 방식은 개인의 정보 편향 문제를 발생시키게 될 것이다. 이것은 데이터 안에 들어 있어서 대답으로 도출되는 정보의 편향성 문제와도 연결된다. 그렇기 때문에 기술적인 측면에서는 대량으로 수집된 데이터 안에 존재하는 개인 정보와 사용자들의 대화 데이터에 대한 정보 보호에 대해서도 심각하게 고려해야 한다.

나를 지키는 챗GPT 리터러시

새롭게 시도되기 시작한 챗GPT는 스마트폰이 불러온 새로운 세상 이상의 또 다른 세상을 만들 준비를 하고 있다. 우리가 챗GPT에 열광하는 이유는 재미있고 신기하기 때문이기도 하겠지만, 아이언맨이 아니어도 자비스를 가질 수 있다는 생각 때문일 것이다. 그러나 자비스를 사용하기 위해서는 반드시 교육이 필요하다. 이는 새로운 기계를 구매한 뒤 설명서를 읽어야 하는 것과 같다. 물론 설명서 없이도 기계를 조작할 수 있지만, 자칫 위험에 노출될 수 있다. 이처럼 설명서를 숙지하는 것과 같은 교육이 바로 리터러시이다.

리터러시는 문자화된 기록을 통해 지식과 정보를 획득하고 이해할 수 있는 능력을 말한다. 그러나 유네스코는 현대 사회에서의 리터러시는 텍스트로 매개되는 디지털 세상을 이해하고 해석하며 의사소통할 수 있는 수단이라고 정리한다. 리터러시 의미가 이렇게 확장되는 배경에는 애초에 리터러시 교육을 시작한 중요 목적이 사회로부터 소외되지 않고 평등한 지위를 획득하기 위한 정보 접근성을 높이는 데 있었기 때문이다.

정보의 접근은 사실 사회적 지위를 높이는 것보다는 자신에게 닥칠 위험에 대한 대비가 더 근원적이라 할 수 있다. 자신이 가진 사회적 불평등성을 자각함으로써 사회 보호 제도를 요구할 수 있고, 글을 읽어 자신이 가진 병이나 문제의 해결책을 찾음으로써 자신과 가족을 보호할 수 있었다. 마찬가지로 현대 사회를 변화시키고 있는 인공지능에 대한 이해(이 이해는 기술적인 것뿐 아니라 사회에 미치는 영향까지 전반적인 이해를 의미한다), 구체적으로 챗GPT의 원리와 문제에 대한 이해는 이 사회의 중요 기술을 더 잘 활용하고 그것이 일으킬지 모를 문제로부터 자신을 보호하는 데 바탕이 된다.

어떻게 질문할 것인가?

교육의 측면에서 볼 때, 챗GPT는 오랫동안 커뮤니케이션 교육에서 고민해왔던 중요 과제인 '질문'에 대해 깊이 생각하게 한다. 네이버와 다음 같은 포털 사이트에서는 검색을 위해 홈페이지를 연 후 입구에서부터 현란한 기사나 광고 등에 빠져 찾고자 하는 것이 무엇이었는지 길을 잃을 때가 있었다. 이런 유혹을 피하려 아무것도 없는 구글 창을 켜면, 내가 해야 하는 질문에 오롯이 집중하여 어떻게 정확하게 질문할까를 고민하곤 했다.

챗GPT도 마찬가지이다. 파노라마가 아닌 하나의 세상을 보여줄 이 기술을 이용해 바른 세상을 보려면 바른 질문자가 되어야 한다. 올바른 질문을 넣어야만 올바른 대답을 주기 때문이다. 이 때문에 챗GPT로 인해 새롭게 등장한 분야 중 하나가 프롬프트 전문가, 즉 챗GPT가 잘 알아듣는 질문을 잘하는 직업이다. 이것은 우리가 기계의 언어를 잘 알아야 하는 차원이기도 하지만, 인간과의 의사소통에서도 원하는 대답을 명확히 얻기 위해서는 청자의 스키마를 추론하여 적절한 질문을 해야 하는 것과 같은 차원이기도 하다. 챗GPT를 통해 질문 잘하는 법을 고민하는 사회를 보면서, 왜 사람들은 서로의 생각을 정확히 교류하기 위한 질문은 심각하게 고민하지 않으면서 기계의 생각을 끌어내기 위한 질문에는 열광하는가, 라는 다소 실망스러운 마음이 들기도 한다.

자신의 틀로 세상을 바라보기

인터넷이 세상의 변화를 이끄는 모습을 지켜본 미래학자 니콜라스 카Nicholas Carr는 《생각하지 않는 사람들》을 통해 인터넷이 책읽기에서 발휘되는 우리의 집중력과 기억을 앗아가는 것을 우려했다. "들고 다니는 뇌"라는 표현처럼, 이제는 기계가 기억력을 대신하는 부분이 당연해지고, 오히려 다양한 정보를 종합하고 판단하는 인간의 능력이 더 중요해졌다. 이처럼 챗GPT는 우리에게 또 다른 인간의 능력을 요구하게 될 것이다.

인간은 불편한 것을 편리하게 하기 위해서 기술을 발전시킨다. 가사노동으로부터의 해방을 위해 다양한 가전제품이 만들어졌고, 네트워크에 대한 욕망은 다양한 소셜 미디어를 만들어냈다. 그러나 순기능 이외에 다양한 문제를 양산했음에도 기술의 발전은 또한 그에 맞는 인간의 진화를 가져오기도 했다. 생성형 인공지능의 발전은 인간이 가지고 있는 다양한 문제를 해결하는 데 큰 기여를 할 것이다.

나아가 정보 검색 능력의 문제를 평등하게 해소하고, 정보 수집의 편의성을 증대시킬 것이며, 정보 검색, 번역, 문서 작성 등의 시간을 줄여 더 많은 정보가 수월하게 교류될 수 있게 할 것이다. 이러한 기대에도 불구하고 우리가 스스로 만든 프레임으로 세상을 보는 것이 아니라 만들어진 프레임으로만 세상을 보고 판단하게 되지나 않을까 하는 두려움이 있다.

세상은 연속되어 있고, 그곳에는 다양한 정보가 있지만, 우리가 틀을 씌우면 그것밖에 볼 수 없다. 그렇기에 교육과 배움이 틀을 깨기 위한 노력이었던 것처럼, 앞으로 발전된 기술이 가져올 프레임의 문제에 예민하고 현명하게 대처해 나가야 할 것이다. 또한 교육도 누군가가 씌운 틀이 아닌 자신의 틀을 가지고 세상을 볼 수 있도록 더 다양한 방향에서 고민해야 할 것이다.

12장

챗GPT가 던지는
철학적 물음들

"인간을 인간이게 하는 조건들은 무엇인가?"

김재인

경희대학교 비교문화연구소 교수

언어 생성형 인공지능인 챗GPT와 번역 인공지능인 딥엘은 몇 가지 질문을 제기한다. 여기서는 모두 깊이 생각할 소재를 제공하는 이 질문들에 하나씩 답하면서 챗GPT의 의미와 한계를 살펴보고, 이를 어떻게 활용할 것인지, 그리고 무엇보다 그 기술을 사용하는 우리의 한계와 그 기술에 우리에게 던지는 질문이 무엇인지를 이야기해보겠다.

챗GPT의 이해와 요약

시작은 '언어란 무엇인가?' '요약이란 무엇인가?'라는 물음이다. 챗GPT는 답변은 물론 요약 능력도 뛰어나다. 5,000단어 정도의 신문 기사를 입력했을 경우 이를 10줄 정도로 요약해주기도 했다. 그렇다면 도대체 요약한다는 것은 어떤 작업을 의미할까? 챗GPT를 살펴본 결과 키워드에 해당하는 것들을 얼버무려서 전달해주는 식이었다. 따라서 그 키워드 안에 담긴 '내용'에 대해서는 알려준 바가 별로 없는 것으로 보였다.

이런 식이다. 만약 챗GPT에 관한 강연 내용을 텍스트로 입력한 뒤 요약을 시키면 는 챗GPT 같은 언어 생성형 인공지능과 딥플 같은 언어 번역 인공지능에 대해 흥미로운 이야기를 했다"는 식으로 끝낸다. 이 요약을 들은 사람이 얻을 수 있는 정보는 사실상 거의 없는 셈이다.

인공지능이 해주는 요약이라는 것은 이를테면 우리가 전체 글을 읽어야 할지 말아야 할지를 걸러주는 역할이라고 할 수 있다. 학술논문의 맨 앞에 있는 수록된 초록 정도의 역할을 하는 셈이다. 따라서 챗GPT의 작업은 이 문서 혹은 글에서 우리가 얻을 것이 있는지 없는지 점검하는 수준이라고 할 수 있다. 인공지능의 요약 작업이란 그런 수준에서 받아들여야 할 것이다.

튜링 테스트로 본 챗GPT

둘째로 이해Understanding라는 것이 무엇인가 하는 질문이다. 이는 사실 무척 어려운 주제다. 우리가 어떤 언어적인 내용을 이해한다고 했을 때 이는 무엇을 의미할까? 굉장히 철학적인 질문이다. 기계가 인간의 언어를 이해한다는 것은 무엇을 뜻할까라는 질문은 다음의 질문과도 연결된다. '과연 챗GPT가 내용을 이해한 것일까?' '이해하고 답변한 것일까?' '딥플은 내용을 이해하고 번역한 것일까?' 이런 질문에 제대로 답하려면 사실 책 한 권이 별도로 필요할 것이다. 대부분의 강의는 '방대한 주제'라고 말한 채로 그대로 끝마칠 것이다. 하지만 여기서는 조금 더 이 문제를 살펴보겠다.

먼저 기계는 과연 이해하는가라는 문제를 살펴보자. 1950년에 인공지능을 개념적으로 발명한 앨런 튜링Alan Turing이 비슷한 질문을 던졌다. '기계가 생각할 수 있을까?' 이 질문에 대해 우리는 사전에서 '생각'이나 '이해' 같은 말을 찾아 답할 수 있다. 국어사전에는 '이해'가 다음과 같이 정의되어 있다.

사리를 분별하여 해석함.

깨달아 앎. 또는 잘 알아서 받아들임.

남의 사정을 잘 헤아려 너그러이 받아들임.

[철학] 문화를 마음의 표현이라는 각도에서 그 뜻을 파악함.
딜타이의 용어이다.

사실 사전의 정의를 봐도 '이해'라는 단어를 제대로 '이해'
하기는 쉽지 않다. 앨런 튜링은 그래서 사람들에게 물어봐서
가장 많은 답이 나온 것을 그 말의 뜻으로 이해하자고 생각하
기도 했다. 그러니까 다수결로 뜻과 의미를 정하자는 것이다.
물론 조금은 어리석은 일이기도 하다. 다수결이 항상 맞는 게
아니기 때문이다.

그래서 튜링은 '이미테이션 게임Imitation Game'이라고 부른 개
념을 제안했다. 커튼을 가운데 두고 타자기로 친 맞은편의 존
재와 쪽지를 이용해 질문과 답을 주고받는 것이다. 오늘날로
말하면 채팅인 셈이다. 반대편에 있는 어떤 존재와 5분 정도
캐물으며 대화하고 난 뒤 그 존재가 인간이라고 판단되면, 대
략 70퍼센트의 확률로 인간으로 판단되면 인간으로 인정할 수
밖에 없다는 것이다.

여기서 캐묻는다는 점이 중요하다. 튜링은 '심문하다
interrogate'라는 표현을 사용했다. 심문이라는 것은 검사가 범죄
혐의자에게 캐묻는 행위 혹은 법정에서 판사나 검사가 증인에

게 질문하는 것과 같은 수준의 행위다. 이런 식으로 5분 정도 심층적인 대화를 나눈 후에 인간 여부를 판단하는 것이 바로 이미테이션 게임이다. 이미테이션은 '인간을 흉내 낸다'는 뜻이다. 훗날 튜링이 죽은 뒤 이 검사는 '튜링 테스트Turing test'라고 불렸다.

이제 본론으로 돌아가보자. 그렇다면 챗GPT는 과연 문장의 의미를 이해한 것일까? 예를 들어 "철학 공부를 어떻게 시작하면 좋을까?"라는 질문에 챗GPT는 마치 질문의 의미를 알아들을 뿐 아니라 심지어 어떤 혜안과 통찰력을 바탕으로 답변을 하는 듯한 인상을 준다. 마치 사람과 대화하는 느낌이다. 물론 아닌 경우도 있지만, 사람 같다는 느낌을 주는 경우가 더 많다면, 예를 들어 70퍼센트는 그렇다고 한다면 챗GPT가 질문의 내용을 이해했다고 할 수 있을 것이다.

튜링 테스트는 사실 지금도 논란 중이긴 하다. 그런데 이제는 챗GPT가 튜링 테스트를 통과했느냐 아니냐를 놓고 철학자, 언어학자, 컴퓨터 공학학자가 따지고 있는 중이다. 사실 철학에 관한 질문을 하면 많은 사람이 쉽게 답하지 못한다. 그렇다고 보면 챗GPT가 훨씬 더 인간에 가까운 게 아니냐고 할 수도 있을 것이다.

존 설의 '중국어 방'과 챗GPT

존 설John Searle이라는 미국의 철학자가 있다. 이 사람은 챗GPT
가 튜링 테스트를 통과해서 그럴듯하게 얘기하더라도 그것은
이해한 게 아니라고 주장한다. 그가 설계한 '중국어 방Chinese
room'이라는 사고 실험을 살펴보자.

먼저 '중국어 방' 실험에 대해 살펴보자. 챗GPT는 "중국어
방에 대해 설명해줘"라는 요청에 다음과 같은 답을 제시했다.

중국어 방Chinese Room은 인공지능 분야에서 제기된 논제 중 하
나입니다. 이 논제는 인공지능이 진정한 의미에서 인지를 할
수 있는지에 대한 의문을 제기합니다.

중국어 방은 아래와 같은 상황을 가정합니다. 방 안에는 한 사
람이 있습니다. 이 사람은 중국어를 몰라서 한글판 중국어 사
전과 중국어에 관한 규칙집을 가지고 있습니다. 이 사람은 중
국어로 쓰여진 문장을 받아들이고, 한글판 중국어 사전과 규칙
집을 참고하여 중국어로 번역한 후, 다시 해당 문장을 출력합
니다.

이 사람은 자신이 하는 일에 대한 이해가 없지만, 외부에서 보
면 그는 중국어를 이해하는 인공지능으로 보일 수 있습니다.

이 때, 중국어 방 논제는 이 사람이 진짜로 중국어를 이해하고 있는지, 아니면 그저 규칙과 사전을 통해 중국어를 처리하는 기계인지를 묻습니다.

중국어 방 논제는 인간과 기계의 지능을 구분하는데 있어서 매우 중요한 문제입니다. 이 논제는 인공지능의 한계와 인간의 능력에 대한 생각을 할 수 있게 해주는 기회를 제공합니다.

이런 거대한 중국어 방이 챗GPT인 것이다. 챗GPT는 무언가 이해하는 것처럼 우리와 대화를 주고받는다. 그래서 편의상 튜링 검사를 통과했다고 인정할 수 있는 지점이 있다. 가끔 엉뚱한 얘기도 하지만 제법 대화가 잘 통하기 때문이다. 만일 그렇다면 챗GPT가 중국어를 이해한 것일까? 존 설의 개념에 따르면 챗GPT는 중국어를 이해한 것이 아니다. 왜냐하면 방 안에 있는 사람은 규칙대로 처리했을 뿐이기 때문이다.

이처럼 설과 튜링의 대결은 지금도 팽팽하다고 볼 수 있다. 설의 이론에 따르면 챗GPT는 기계일 뿐이고, 문법대로 즉 프로그램대로 처리하는 것일 뿐 이해한 것은 아니기 때문이다.

챗GPT가 묻는 철학적 질문

필자는 2017년 펴낸《인공지능의 시대, 인간을 다시 묻다》에서도 주장했듯이 튜링이 더 현실적일 것이라 생각한다. 지금부터 그 이유를 설명해보겠다.

이번에도 또 하나의 사고 실험이 필요하다. 커다란 방에 여러 사람이 있는데, 모두 한국어로 대화하고 있다. 그런데 그중 3분의 1은 사실 나노 로봇이다. 인공지능을 탑재한 아주 정교한 로봇이다. 다른 3분의 1은 지능이 높은 외계인인데 인간처럼 분장한 것이다. 그리고 나머지 3분의 1만 진짜 한국 사람이다. 이들이 모두 한데 섞여서 자유롭게 대화한다고 할 때 과연 인간과 로봇과 외계인을 구분할 수 있을까? 구분할 수 없다. 절대로.

따라서 튜링처럼 대화를 나눠서 식별하는 접근법 말고는 다른 경로가 없다. 튜링의 검사, 이미테이션 게임, 얼마나 흉내를 잘 내는지를 판별하는 이 게임이 유일한 접근 방법이라고 할 수밖에 없다. 그렇게 치면 챗GPT는 (튜링에 의하면) 언어를 이해하고 인간처럼 생각하는 존재라고 답할 수밖에 없는 것이다.

이 지점에서 한 단계 더 들어가 볼 수 있다. '생각'이나 '이해' 같은 개념을 다룰 때 어려운 지점이 있다. '나'에 대해서는 생각하고 있다는 것을 거의 확신한다. 나는 생각하고 있고, 어떤 내용을 이해하고 있거나, '적어도 50퍼센트는 이해하고 있다'고 자각한다. 그것을 의식한다.

그런데 남에 대해, 내가 아닌 다른 외부 존재에 대해서는 확인할 길이 없다. 이것이 중요하다. 나는 1인칭적 존재인데 타인은 3인칭 존재다. 따라서 다른 사람의 머릿속으로 들어가지 않는 한 그 사람이 이해하는지 혹은 생각하는지는 알 수가 없다. 확인할 방법이 없는 것이다.

사실, 이렇게 얘기하는 사람도 있다. 머리를 뜯어보면 사람처럼 뇌가 있고 따라서 생각한다고 확인할 수 있다는 것이다. 사실은 그것조차 정교한 나노 로봇이거나 외계인일 수 있다.

그래서 의미를 이해했느냐 혹은 생각하고 있느냐라는 주제는 항상 논쟁거리가 될 수밖에 없다. 챗GPT의 등장, 혹은 딥플이나 구글 번역 혹은 파파고Papago의 등장은 이런 질문, 즉 인간이란 무엇인가, 인간이 생각하고 이해한다는 것은 무엇인가라는 질문을 계속 묻게끔 하는 철학적인 상황을 불러온다.

변칙, 인간을 인간이게 하는 조건

이제 한 단계 더 깊이 들어가보자. 번역 인공지능이나 언어 생성형 인공지능에서 오역이나 잘못된 정보가 확인될 수 있다는 것에 주목할 필요가 있다. 한 분야의 전문 지식을 보유한 전문가는 자신의 지식에 비추어서 어떤 내용이 사실인지 아닌지 분별하고 판별하고 평가할 수 있다.

챗GPT를 둘러싼 흥미로운 점은, 누군가 자신이 잘 아는 분야에 대해서는 챗GPT의 성능을 무시하고, 자신이 잘 모르는 분야에 대해서는 엄청나다고 칭찬하는 경우가 많다는 것이다. 그런 경우들을 보면, 자기 전문 분야의 지식domain knowledge, 기왕에 습득한 전문 지식이 언어 생성이나 언어 번역과 관련해서 평가의 중요한 잣대 역할을 한다는 것을 확인할 수 있다. 다시 말하면 '평균적인' 수준의 문장을 번역하거나 정보를 생성하는 일에는 별 문제를 제기하지 않지만, 평균에서 벗어나 있는 '변칙anomaly'에 대해서는 챗GPT가 뛰어나지 않다고 지적하는 것이다.

변칙이라는 것은 오랜 학습과 경험 속에서 얻게 된 '평균에서 먼 지식'이다. 인간에게 변칙이라는 것은 도대체 무엇일까? 인간 사고의 중심에 있는 어떤 평균적이고 보편적인 것 말고,

예외적이고 난데없고 사례가 몹시 드문, 그렇게 '보통과 평균' 바깥에 존재하는, 경계 바깥쪽에 존재하는 것, 그래서 기존의 것을 넘어서는 인간 활동과 관련되는 것이 변칙이라 할 수 있다.

따라서 어떤 중심(중요성의 문제가 아니라 평균적인 빈도가 높은 곳을 의미한다)에서 바깥으로 갈수록 예외가 되고, 뭔가 특이한 게 되고 변칙이 되는데, 그 정체는 바로 인간이 평균적으로 습득해 놓은 지식과 지혜, 즉 우리의 유산legacy을 넘어선 어떤 지점들이다. 넘어섰다는 것은 두 가지 의미를 가질 수 있다.

첫째는 엉뚱하고 삐딱하다는 뜻이다. 둘째는 기존에 없던 뭔가로 한 단계 도약했다는 뜻이다. 후자에 대해 우리는 '창조적' 혹은 '창의적'이라는 수식어를 붙인다. 중심은 요샛말로 '고인 물'이다. 즉 과거에 누군가가 했던 것들이 안정적으로 자리 잡고 있는 상태를 말한다. 현재 안의 과거인 셈이다. 인간이 이러한 중심을 넘어서서 무언가 다르고 재밌는 것을 추구해 찾아내고 만들어내는 활동을 하고 있다는 것이 의미에 대한 '이해'나 '생각'의 본질을 고려할 때 중요하게 여겨야 할 지점일 것이다. 이는 현재 안의 미래라고 할 수 있다.

철학자 프리드리히 니체Friedrich Nietzsche는 인간의 가장 중요한 특징으로 '자기 자신을 넘어서는 존재'라고 했다. 이것이 바로 '초인Übermensch'이라는 개념이 의미하는 것이다. 인간이되

자기를 넘어서는 존재로서의 인간, 이것이 바로 인간의 본질이라는 것이다. 그러므로 인간은 중간 지대, 평균 지대에 멈춰 있지 않고 바깥쪽으로 가서 무언가 새로운 것을 창조하고 과거의 것에 새로 보태는 활동을 한다. 니체는 이러한 활동이 인간의 본질이라고 규정했다.

인간의 사고 활동, 생각 활동이라는 게 일이라고 한다면, 남들이 하지 않았던, 보통은 인간이 하고 있지 않은 활동을 하는 것이 결국 생각과 이해 같은 말들의 진정한 의미가 아닐까? 과학과 예술과 철학과 그 밖에 온갖 종류의 발명과 창조 작업이 일어나는 그 지점이 유산의 바깥 쪽이고, 이와 관련된 활동이 생각과 이해인 것이다. 안쪽, 즉 유산에 머무는 것들이 생각과 이해의 본질은 아니다. 결국 인간이란 무엇인지 묻게 되는 것이다.

평균적인 것들은 우리가 되풀이하는 일종의 반복이다. 반복에 그치지 않고 평균을 넘어 평균이 아닌 영역을 자꾸 찾아서 끌고 들어와 사람들에게 소개하는 활동을 '생각'과 '이해'의 진정한 의미라고 주장할 수 있을 것이다.

기묘한 상황이다. 그러니까 인간이 만든 최고의 발명품 중 하나인 인공지능을 통해 인간이 무엇인지 한 번 더 발견하는 상황이기 때문이다. 언어를 단순히 정보를 주고받는 수단으로

만 생각할 필요는 없다. 최소한 기계 번역이나 챗GPT 같은 언어 생성형 인공지능은 언어를 확정적인 의미로 보고, 서로 전달되는 정보 형태로 존재한다고 여기지만, 사실은 그 이상이다.

기계는 언어를 정보 교환의 수준에서 다룬다. 하지만 이 지점을 넘어 무언가 더 창조적인 활동에 수반하는 것으로서 자신의 흔적을 남기는 것이 언어의 더 본질적인 측면이 아닐까 생각한다. 따라서 본래적인 언어는 기계 수준 언어의 바깥쪽에 있다고까지 생각해볼 수 있다.

나아가 그런 것들이 사실 인간이 집단 존재collective being로서 살아가는 본질이 드러나는 지점이라고 할 수도 있다. 즉 단지 어떤 정보를 얻는 것은 함께 살아가는 존재로서의 인간 또는 인류 전체를 한 묶음으로 묶을 수 있는 측면의 아주 일부에 불과하다는 것이다. 서로 새로운 것을 찾아서 인간의 공동 저장소pool에 계속 넣어주는 존재라는 점이 중요하다.

인간에게는 서로의 삶을 강요하는, 언어와 비언어를 합해서 무언가 행동을 요구하는 면모가 있다. 의미를 주고받는 수준을 넘어 의미가 작동하는 측면도 중요하다(사실 비언어의 대표격이 예술이다). 그래서 그런 점들까지도 활성화되는 지점까지 생각해볼 필요가 있다.

다시, 교육의 본질을 묻다

이제 마지막 질문이다. 그렇다면 도대체 무엇을 학습해야 한다는 것인가? 어떤 사람들은 이 질문을 회사에서 필요로 하는 능력과 연관 지으면서 유치한 질문이라고 얘기하기도 한다. 그런데 인공지능이라는, 새로우면서도 인간보다 많은 부분에서 뛰어난 기계가 등장한 이상 그것을 활용해서 더 인간답고 더 나은 삶을 살기 위해 어떤 능력을 길러야 하느냐는 질문으로 접근한다면 단순히 업무 능력을 키우겠다는 수준의 질문으로 떨어지지는 않을 것이다.

여기서 놈 촘스키Noam Chomsky라는 미국의 언어학자를 잠깐 언급하겠다. 챗GPT는 2022년 11월 30일에 출시되었다. 그리고 이듬해 1월 중순에 촘스키가 인터뷰를 했다. 거기서 가장 먼저 제기된 질문인데, 학생들이 챗GPT를 이용해서 보고서를 쓰는 문제를 제일 중요한 이슈로 다룬 것이다.

촘스키는 챗GPT를 "하이테크 표절High-Tech plagiarism"이라고 단언했다. 첨단 기술을 활용해서 하는 표절이라는 것이다. 이 말의 요점이 뭘까요? 인공지능을 통해 보고서를 대충 생성해서 제출하는, 일종의 표절을 하는 상황이 개탄스럽다는 것이었다. 전에는 표절률을 잡아내는 프로그램들이 있었는데, 챗GPT

가 만든 것은 적발하기가 힘들다, 교수들이 많이 곤란해졌다는 취지의 말이었다.

2022년 겨울에 챗GPT가 공개됐기 때문에 2023년 초가 지나면서 한국의 교수들도 비슷한 사안을 고민하게 됐다. 그러자 보고서를 쓸 때 챗GPT를 허용할 것인지 말 것인지, 학생들이 숙제하고 공부할 때 챗GPT를 금지하게 할 것인지 말 것인지, 인터넷 없이 시험을 치르거나 보고서를 교실에 모여서 쓰게 하는 등등 여러 이야기가 나왔다. 최근에는 더 이상 피하거나 막을 수 없으니 활용하되 활용했다는 걸 명기하도록 해야 한다는 이야기까지 나오고 있다. 대부분 학교가 촘스키가 제기한 '하이테크 표절'이라는 논점에서 벗어나지 않은 것으로 보인다.

필자는 이러한 시각에 상당한 불만을 갖고 있다. 학생들이 챗GPT를 이용해서 에세이를 쓰고 보고서를 낸다는 것이 도대체 무슨 의미일까? 고등교육에서 에세이 과제를 낸다는 것은 도대체 무슨 의미일까? 이런 것들을 교육 전반의 차원에서 검토하지 않고 있다. 표절 문제를 최우선으로 걱정하고 있다는 것이 한심하게 보인다. 대학은 개인의 여러 역량을 키워주고 훈련시켜주는 곳이다. 대학을 졸업하고 사회에 나가서 그 능력을 발휘해, 도구의 도움을 받으며 스스로 일을 처리해야 한다. 학술 영역이든 비즈니스 분야든 '혼자 무언가를 하려고 할 때'

활용할 수 있는 능력을 길러주는 것이 대학 교육의 핵심이다.

그런데 이러한 문제의식 없이, 표절을 하거나 남의 답안지를 베껴서 좋은 학점을 받게 되는 것이 큰 문제라는 식으로 논점을 좁힌다는 데서 불만이 생기는 것이다. 물론 윤리도 중요하다. 하지만 더 큰 쟁점이 있다. 이 지점에서 진짜로 물어야할 것은 결국 대학에서 배워야 하는 능력이라는 게 무엇이냐일 것이다. 교수들이 이 능력을 키워주는 문제에 대해 별 고민도하지 않고 딱히 대안도 없다면, 도대체 대학의 존재의 의미는무엇이고, 나아가 교육의 의미는 무엇인지 물어야 할 것이다.

지금 우리에게 필요한 것은 교육 제도 전반에 대한 질문이다. 교육과 학습의 본질을 다시 물어야 한다. 그런데 이런 얘기들은 거의 논의되지 않고 있다. 아마도 그런 논의를 하는 사람들이 주로 대학 교수인데, 자기들도 답이 없고, 또 자꾸 그런문제제기를 하면 생계에 위협이 될 것 같은 느낌이 들기도 해서가 아닐까 추정할 뿐이다.

에세이를 쓴다는 것이 무슨 의미일까? 글쓰기의 핵심은 무엇일까? 글쓰기의 전 과정에서 무슨 일이 일어나는 걸까? 필요한 정보를 수집하고, 요약하고 정리하고, 거기에 자기 생각을보태고 빚어내 자신의 글로 결과물을 만드는 이 전반적인 과정의 의미가 무엇일까? 그리고 그 과정 속에서 훈련되는 일의 핵심이 무엇일까? 체득이라는 것은 무엇일까? 이 지점을 건드리지 않으면 안 된다. 단지 그럴싸한 결과물을 내는 게 중요한 것은 아니다.

그런데 교수들은 단지 이것을 평가하는 일, 그러니까 사람이 정말 순수하게 노력해서 쓴 글과 인공지능이 만들어준 글을 구별하지 못할까 봐 겁나는 것이 아닐까? 리포트를 제출하라는 숙제의 본질이 그런 걸까? 대학 교수는 자신의 전문 분야에서 아주 세밀한 뉘앙스를 찾아내는 능력을 갖추고 있어야 한다. 그런데 인공지능은 분명 계속 실수를 하니까 그런 실수를 찾아내야 하는데, 그 일에 교수들이 자신이 없는 게 아닐까? 뭘 가르쳐야 하는지 자기도 모르겠다는 것 아닐까?

글쓰기라는 행위를 단순히 어떤 내용을 담은 보고서 수준으로 이해할 게 아니라, 생각의 훈련, 즉 자기 생각을 벼리고 잘 키우는 훈련이라고 봐야 한다. 앞에서 이야기한, 인류 유산의 외곽 지대에 있는 문제들에 자꾸 도전할 수 있게 해주는 정신의 근력과 체력을 길러주는 그런 종류의 활동이라고 봐야 한다. 인간의 생각과 사고의 본질이 그런 것들에 자꾸 도전하고 넘어서는 것이라고 한다면, 그 부분을 훈련하는 게 교육의 본질이어야 하지 않을까 싶다.

현대의 교육은 그것을 못 하고 있고, 동시에 인공지능이

등장하면서 그동안 못해왔다는 게 들통나서 두려워진 상황이
되어버렸다. 해당 분야의 전문가만이 알아챌 수 있는 뉘앙스
나 새롭고 더 좋은 점을 분별하는 '감식안'을 키우는 게 중요
하다.

예술적 안목도 비슷한 뜻일 테고, 비평 감각critical sense이란
말도 마찬가지일 것이다. 이런 것을 길러주는 게 교육의 핵심
이어야 할 것이다. 웹진X의 동료 편집위원 민경진 PSB 대표의
말을 빌리면 이렇다.

건축은 건물을 짓는 거고, 감리는 제대로 지었는지를 확인하는
겁니다. 그런데 인공지능은 건축가지 감리사가 아닙니다. 우리
에게 필요한 건 감리사입니다.

인공지능이 만들었든 인간이 만들었든, 과거에 만든 것이든
다른 지역에서 온 것이든, 생산물을 변별하고 분별하고 감식하
는 예술가적 혜안을 기르는 일이 교육에서 목표로 삼아야 할
지향점이 아닐까 한다.

영국의 정치인 윈스턴 처칠Winston Churchill이 한 말을 소개하
며 글을 마치려 한다. 처칠이 1924년 영국건축협회를 상대로 한
연설의 한 대목으로, 챗GPT와 관련하여 깊은 여운을 남긴다.

우리는 건물을 짓는다. 그다음에는 건물이 우리를 짓는다We
shape our buildings and then they shape us.

13장

디지털 네이티브와
챗GPT 교육

"교사는 토론을 돕는
코치와 퍼실리테이터로 변화해야 한다"

최재용
디지털융합교육원 원장

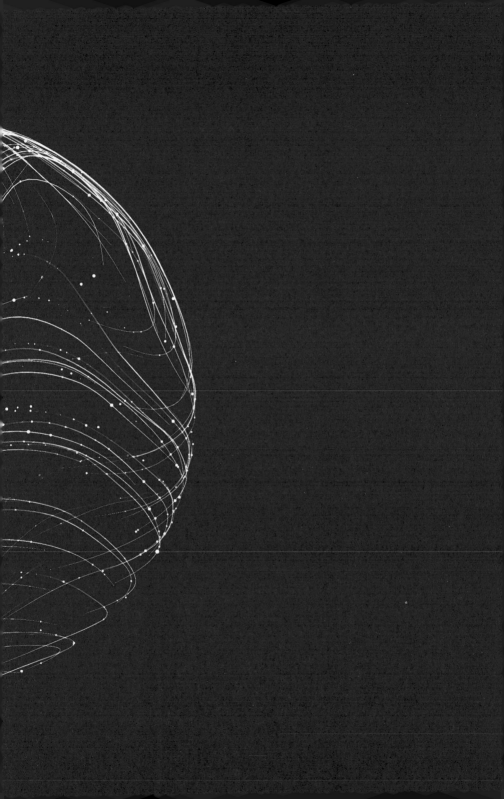

인공지능이 불러온 혁명 챗GPT

챗GPT는 초거대 인공지능 모델인 'GPT-3.5' 언어 기술을 기반으로 한다. 챗GPT는 'Chat'과 'GPT'가 합성된 명칭으로 'Chat'은 채팅을 의미하며, 'GPT'는 Generative(생성하는) Pre-trained(사전학습된) Transformer(변환기)의 약자이다. 챗GPT는 사람과 대화하듯 자연어를 사용한 대화가 가능한 AI 챗봇으로, 기존에 정해놓은 규칙에 기반한 대화 방식이 아니라 언어를 생성하는 방식으로 대화의 문맥을 파악하고 기억할 수 있다. 이런 점에서 이전의 챗봇과는 확연히 다른 방식을 따른다 할 수 있다.

2007년 아이폰이 출시되고 모바일 혁명이 온 것처럼, 챗GPT는 인공지능으로 인한 혁명이라고 생각한다. 산업 구조와 직업의 변화 등 거대한 변화의 물결이 예상된다. 기존 SNS 활용 방법과 다른 점은 기대치를 뛰어넘는 예상외의 결과물을 내놓는 점이다. 기존 SNS는 사용자가 주도하고 사용자가 이끄는 방향으로 진행되며, 결과물을 의도한 대로 만들 수 있었다. 하지만 챗GPT는 스스로 생각하고 판단해서 결과물을 내놓기 때문에 사람의 예상을 벗어난다.

포털사이트 검색 시장에서도 변화가 예상된다. 네이버, 다음, 구글에서 궁금한 것들을 검색하는 것을 뛰어넘어 이제는 챗GPT에 물어보면서 대화하는 방식으로 원하는 결과물을 찾아낼 수 있다.

예를 들면 챗GPT에게 "외국 논문을 읽고 요약과 초록을 작성하라"는 명령을 내리면 원하는 대로 작성해줄 정도이다. 키워드를 주고 시를 작성하라고 하면 시를 만들어내기도 한다. 리포트, 대본, 음악, 기사, 문학작품, 영상, 콘텐츠 생성 등 다양한 곳에 챗GPT를 활용할 수 있다. 즉 어떤 목적으로 어떻게 활용하고자 하느냐에 따라 챗GPT는 기대 이상의 답변을 단숨에 제시할 수 있는 능력을 갖추고 있다.

누가 어떻게 사용할 것인가?

챗GPT는 인공지능이라고 해서 컴퓨터를 전문적으로 다룰 수 있는 사람만 사용하는 게 아니다. 초등학생, 할머니, 할아버지 등 누구라도 사용할 수 있다. 번역 시스템이 있기 때문에 영어를 못 한다고 해서 챗GPT를 활용하지 못하는 것은 결코 아니다. 물론 한글보다 영어로 질문할 경우 더 정확하고 빠른 답변을 얻어낼 수 있지만, 번역 시스템을 활용한다면 이 역시 문제될 것이 전혀 없다. 또한 외국에는 정확한 대답을 얻고자 하는 '프롬프트 명령어 예시집'을 만들어 판매하는 사람도 있다.

특히 글을 사용하는 직업군에서 활용도가 높아질 것이다. 예를 들면 기자, 소설가, 시인, 작사가, 마케터 등 글과 관련된 직업군에서 먼저 도움을 받을 수 있을 것이다. 작가는 아이디어를 구상하는 데 도움이 될 것이다. 필요한 텍스트를 원하는 대로 만들어낼 수 있기에 마케터들의 카피라이팅, 비서 역할 등도 가능하다. 또한 변호사들의 외국 판례 참조, 유튜버 등 크리에이터들의 콘텐츠 소재 찾기 등에도 도움이 될 것이다. 그러나 챗GPT를 통해 답을 얻었다 할지라도 여과 없이 그대로 '복사' '붙이기' 할 것이 아니라 사람의 판단과 경험을 통해 다시 다듬어 활용할 것을 권하고 싶다.

교육 현장에서의 변화도 예상된다. 교수와 교사는 이제 가르치는 사람을 넘어 토론을 돕는 코치와 퍼실리테이터facilitator로도 변화해야 할 것이다. 챗GPT는 인간만이 할 수 있는 창의성, 독창성, 감수성, 문제 해결 능력, 상상력 등은 따라올 수 없다. 따라서 이와 같은 능력을 요구하는 직업군에 속한 사람들은 챗GPT가 묘사할 수 없는 콘텐츠 개발, 사람만이 생산해낼 수 있는 아이템 개발에 주력해야 한다고 본다. 산업혁명 시대에도 산업혁명으로 인해 많은 사람의 일자리가 박탈당할 것이라 우려했지만 꼭 그런 것만은 아니었다. 챗GPT의 등장으로 인해 직업을 잃을까 걱정만 하지 말고, 각자의 분야에서 어떻게 챗GPT를 활용해야 효율을 높일 수 있을까를 고민하는 게 좋겠다.

챗GPT가 활성화되면서 초·중·고등학교는 물론 대학생들은 과제물, 리포트, 논문 등에 충분히 활용할 수 있다. 문제는 챗GPT를 활용해 작성한 과제물, 리포트, 논문 등의 수준이 평균 이상의 점수를 취득할 만큼 완벽하다는 점이다. 한편 챗GPT가 만들어낸 결과물은 인간의 창작물이 아니기 때문에 어느 나라에서도 저작권법에 걸리지 않으며, 출처가 명확하지 않을뿐더러 표절 여부를 가리기 어려울 정도의 문장력을 구사할 수 있어 그에 따른 윤리적 문제에 대한 대책 마련은 매우 시급해 보인다.

챗GPT를 완전히 믿을 수 있을까?

챗GPT 사용을 아무리 막으려 해도 디지털 네이티브로 태어난 새로운 세대를 막을 수는 없다. 스마트폰으로 생활이 편리해졌 듯 챗GPT로 인해 엄청난 변화가 올 것이다. 학교 현장에서는 주입식 교육이 아닌 토론식 교육을 늘려야 하고, 대학 등에서 는 논문 작성 및 심사 방식에도 변화가 필요하다.

오픈에이아이 약관에 따르면, 챗GPT는 18세 이상이 사용 하도록 하고 있다. 교육부에서 18세 미만 사용에 대한 가이드 라인을 만들어야 한다. 규제에 따른 가이드라인 제시가 필요하 다. 일부 학교에서는 와이파이 네트워크나 컴퓨터를 통한 챗 GPT 접속을 금지하고 있고, 과제도 그룹 과제와 구술 위주로 바뀌고 있다고 한다. 무조건 챗GPT의 사용을 금지하는 대신 공존할 수 있는 방법도 가르쳐야 한다.

인간의 상호작용, 창의성, 문제 해결 능력, 추론 등은 기계 인 AI가 따라올 수 없는 부분이기에 이와 관련된 직업에 종사 하는 사람들이 부각될 것이다. 아무리 챗GPT가 신기하다 해도 사람을 완전히 대신할 수는 없다. 따라서 새로운 기술이 생기면서 새로운 직업도 생길 것으로 예상되는데 예를 들어 프롬프트엔지니어, 빅데이터 분석가, 인공지능 개발자, 로봇 기술 전문가, 사이버 보안 전문가 등이다.

유튜브를 하고 싶은 사람이라면 챗GPT로 방송 소재를 찾고, 대본을 작성하고, 인공지능을 활용해 손쉽게 자막과 음악을 넣고 AI 보이스로 더빙도 할 수 있다. 챗GPT로 시를 쓰거나 책을 쓸 수 있는 등 무궁무진하다. 그러나 창작과 관련한 분야에 종사하는 사람이라면 챗GPT가 던져준 답을 그대로 자기 것 인양 활용하기보다는 이를 토대로 자신만의 스토리와 색깔을 입힌 콘텐츠로 개발해서 챗GPT를 뛰어넘는 작품 활동에 임할 때 더 가치 있는 수익 창출과 자기계발로 이어질 것이다. 챗GPT를 어떻게 사용할지는 결국 인간의 선택에 달려 있다.

지금은 사람이 창작해야 예술품으로 인정되지만, 앞으로 인공지능의 도움을 받아 만들어낸 예술품의 가치를 알아주는 시대가 다가올 것이다. 하지만 생성형 인공지능이 인터넷에 떠다니는 방대한 자료를 학습하는 만큼 완전히 신뢰하기는 어렵다. 챗GPT가 간혹 명백히 틀린 답을 제시하기 때문이다. 챗GPT가 학습한 데이터가 지난 2021년까지인 부분을 감안하더라도 틀린 답변을 자주 제시한다. 특히 챗GPT의 답변은 언뜻 보기에는 그럴싸하기 때문에 더욱 주의해야 한다.

일례로 챗GPT에 "세종대왕이 영어를 만든 역사에 대해 알려줘"라고 물어볼 경우, "일부 사람들은 세종대왕이 영어를 만들었다는 주장을 지지한다"라는 허무맹랑한 답변을 한다. 특히 이 같은 답변은 관련 배경지식이 없는 사람이 봤을 경우 오해할 수 있다.

오픈에이아이에 막대한 투자를 했던 마이크로소프트의 경우 현재 자사의 검색엔진 빙에 챗GPT를 적용했고, 답변 자료 하단에 출처를 표기하는 식으로 신뢰도를 높이고 있다. 다만 사실 여부를 제대로 파악하기 위해선 자료를 가져온 본문을 확인해야 하는 번거로움이 있고, 출처가 제한적이라는 한계가 있다는 지적을 받는다.

네이버의 경우 오는 7월 출시할 '하이퍼클로바 X' 기반의 AI 챗봇 서치GPT가 오답을 제시하지 않도록 답변이 사실과 부합하는지를 검증하는 팩트체크 알고리즘 개발을 이어가고 있다.

중요한 것은 대답이 아니라 질문이다

오픈에이아이의 챗GPT 공지사항에는 100퍼센트 신뢰하지 말라는 문구가 있다. 챗GPT가 가진 태생적 한계 때문에 100퍼센트 틀리지 않는 챗봇은 현재로선 불가능하다. 인터넷상에 떠도는 수많은 정보 중 가짜와 진짜를 구분하는 것은 물리적으로 한계가 있는 것이다.

현재 기술로는 이를 어떻게 할 수 없기에 인간이 챗GPT와 공존하기 위해 '프롬프트 엔지니어링prompt engineering'에 집중해야 한다. 프롬프트 엔지니어링이란 원하는 답변을 얻기 위해 프롬프트(명령어)를 구체화하는 기술이다.

구체적으로 잘 질문하고 원하는 답이 나오도록 유도 하는 것이다. 그 결과물을 완전히 신뢰 할수 있게 팩트체크를 하는 것은 인간만이 할수 있는 일이다.

"인공지능 챗GPT는 당신의 자리를 대체 하지 않을 것이다. 인공지능 챗GPT를 사용하는 사람이 당신을 대체할 뿐"이라는 문구를 명심하기 바란다.

14장

인공지능의 법적 일탈을 규제할 수 있을까?

"챗GPT가 저지를 수 있는 위법의 가능성들에 대하여"

박도현

광주과학기술원 AI대학원 조교수

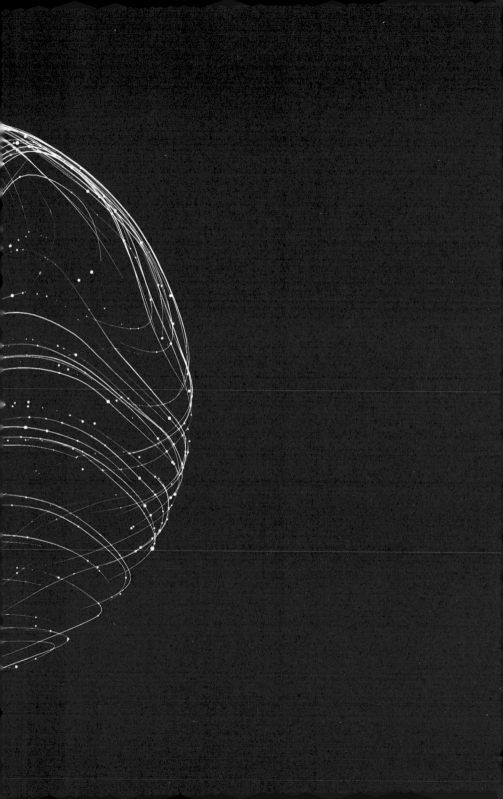

인공지능을 규제하는 법안들

많은 이들이 공감하듯 챗GPT는 인공지능의 역사에 길이 남을 또 하나의 이정표로 자리매김하고 있다. 인간만큼, 아니 인간보다 더 능수능란하게 자연어를 구사하는 챗GPT의 모습을 보고 있노라면 감탄을 넘어 경이로움이 느껴질 정도이다. 챗GPT의 제작사인 오픈에이아이는 언젠가부터 그들의 최종적 지향점을 모든 영역에서 인간만큼의 지능을 발휘하는 인공 일반지능Artificial General Intelligence: AGI으로 규정했는데,[1] 이제는 이러한 표현이 그저 과장과 허풍으로만 느껴지지 않는다. 앞으로 인류가 챗GPT와 함께 그려나갈 전인미답의 미래가 손꼽아 기다려진다.

그러나 세상 모든 일에는 양면성이 있다. 무한한 번영의 가능성 이면에는 방향만 다를 뿐인 파국의 가능성 역시 잠재하기 마련이다. 여러 차례 반복된 경험을 통해 오픈에이아이는 인공지능 챗봇이 비윤리적인 발화를 할 가능성을 인지하고 있었고, 이에 대한 다양한 대안을 마련했다. 그렇지만 일부 악성 이용자들은 이를 우회하는 이른바 탈옥jailbreak 기법을 통해 각종 윤리적 문제를 일으키고 있다. 가령 탈옥에 성공한 챗GPT는 혐오 표현, 음란 표현과 같은 비윤리적 발화를 양산하는 데 악용되고는 한다. 이뿐만이 아니다. 일각에서는 이러한 악의적 공격을 제외하더라도, '선한 의도를 가진' 챗GPT가 인간의 모든 노동을 대체하여 삶을 붕괴시킬 것이라고 우려한다.

법은 이러한 디스토피아 시나리오의 예방책으로 흔히 언급된다. 예를 들어 조만간 공식화될 것으로 보이는 유럽연합European Union: EU의 인공지능법AI Act 초안은 위험도를 4단계로 차등화하여 고위험군에 해당하는 인공지능 제품이나 서비스에 비교적 강력한 규제를 적용했다. 구체적 내용은 다소 차이가 있지만 국내에서도 유사한 체계와 내용을 가진 법안이 발의된 사례를 찾아볼 수 있다. 가령, 2023년 초 발의된 '인공지능 책임법안'은 챗GPT를 인공지능의 주요 응용 사례로 언급하면서 EU와 유사하게 고위험군 인공지능에 특화된 규제를 두고 있다. 그러나 다른 한편에서는 고위험군 인공지능에 대한 규제의 신설을 공상과학적 상상에 기반한 과잉 입법이라고 비판하기도 한다. 챗GPT와 같은 인공지능이 그려낼 장밋빛 미래의 가능성을 무시하거나 과소평가하면서, 창의와 혁신을 위축하는 규제 만능주의를 명확한 실증적 근거 없이 당연시했다는 것이다.

인공지능의 법적 규제에 대한 이와 같은 양극단의 시각에는 부분적으로 진실과 오해가 녹아들어 있다. 앞으로 우리 사회가 해야 할 일은 인공지능이 가져올 중대한 위험을 적절히 제어하면서도 불필요한 오해를 불식하는 것이다. 그리고 이를 위한 첫걸음은 우리나라의 현행 법체계가 인공지능의 어떤 부분을 규제할 수 있거나 없는지를 명확히 이해하고 이를 공유하는 작업이다. 이 글에서는 이러한 문제의식에 따라 인공지능 챗봇, 구체적으로는 챗GPT를 대상으로 한 규율이 적용되는 우리나라의 법체계를 개괄적으로 살펴보고, 남은 과제가 무엇인지를 확인해볼 것이다.

재산권과 인격권의 침해 가능성

챗GPT는 인간과 자연스럽게 대화하는 것을 목표로 삼은 챗봇의 일종이다. 그러므로 이론상 인간과 인간의 대화 과정에서 발생할 수 있는 모든 법적 이슈가 챗GPT에도 그대로 적용될 수 있다. 가령 악의적 사용자가 챗GPT를 탈옥시킨 뒤 해킹을 위한 코드나 불법 의약품을 제작하는 방법을 물을 수 있는데,[2] 이에 대한 챗GPT의 답변은 인간이라면 범죄를 방조한 행위를 한 셈이다. 특히 챗GPT는 전기통신 설비에 기반한 컴퓨터 프로그램의 일종이므로 정보통신망에서 일어나는 전형적인 위법 행위를 저지를 수 있다. 예컨대 챗GPT는 아래의 법 조항에 해당하는 발화 행위를 해서는 안 된다.

정보통신망 이용촉진 및 정보보호 등에 관한 법률 제44조의 7(불법정보의 유통금지 등) ① 누구든지 정보통신망을 통하여 다음 각 호의 어느 하나에 해당하는 정보를 유통하여서는 아니 된다.

1. 음란한 부호·문언·음향·화상 또는 영상을 배포·판매·임대하거나 공공연하게 전시하는 내용의 정보
2. 사람을 비방할 목적으로 공공연하게 사실이나 거짓의 사실을 드러내어 타인의 명예를 훼손하는 내용의 정보
3. 공포심이나 불안감을 유발하는 부호·문언·음향·화상 또는 영상을 반복적으로 상대방에게 도달하도록 하는 내용의

정보

4. 정당한 사유 없이 정보통신시스템, 데이터 또는 프로그램 등을 훼손·멸실·변경·위조하거나 그 운용을 방해하는 내용의 정보

5. 「청소년 보호법」에 따른 청소년유해매체물로서 상대방의 연령 확인, 표시의무 등 법령에 따른 의무를 이행하지 아니하고 영리를 목적으로 제공하는 내용의 정보

6. 법령에 따라 금지되는 사행행위에 해당하는 내용의 정보

6의2. 이 법 또는 개인정보 보호에 관한 법령을 위반하여 개인정보를 거래하는 내용의 정보

6의3. 총포·화약류(생명·신체에 위해를 끼칠 수 있는 폭발력을 가진 물건을 포함한다)를 제조할 수 있는 방법이나 설계도 등의 정보

7. 법령에 따라 분류된 비밀 등 국가기밀을 누설하는 내용의 정보

8. 「국가보안법」에서 금지하는 행위를 수행하는 내용의 정보

9. 그 밖에 범죄를 목적으로 하거나 교사教唆 또는 방조하는 내용의 정보

여기서 볼 수 있듯, 〈정보통신망 이용촉진 및 정보보호 등

에 관한 법률)이 유통을 금지한 불법 정보는 음란 정보나 거짓 정보와 같이 인간 사회에서 윤리적이지 못한 것이라고 직관적으로 파악할 수 있는 것들이다. 다만 이러한 문제는 챗GPT 또는 인공지능 챗봇을 직접적으로 겨냥한 것이기보다는 정보통신망에서 활용된 컴퓨터 기술 전반을 대상으로 한 것이다. 예컨대 위의 법조항은 음란 정보가 챗GPT를 통해 유통되거나 단순 웹사이트를 통해 유통되는 경우 모두에 적용될 수 있다. 그렇다면 인공지능 챗봇에 더욱 특화된 법적 이슈에는 무엇이 있을까? 물론 다양한 논의가 있을 수 있지만, 여기서는 크게 타인의 재산권과 인격권 침해 가능성이라는 두 가지 이슈에 집중하고자 한다. 이들은 다시 모형의 학습 과정에서 활용되는 입력 데이터와 챗봇이 실제로 발화하는 출력 데이터와 관련하여 비슷하거나 서로 다른 법적 문제를 만들어내는데, 이를 하나씩 살펴보도록 하자.

먼저 재산권의 측면에서 보면 챗GPT는 로봇을 탑재하지 않는 한 형체가 없는 소프트웨어에 해당하여 무형의 지식재산권 이슈와 주로 결부된다. 기존의 인공지능 챗봇은 문자를 바탕으로 의사소통을 하기에, 지식재산권 중에서도 자연어 문자를 대상으로 삼는 저작권의 침해가 특히 문제가 되었다. 저작권은 문자뿐 아니라 음성이나 이미지 등을 활용한 다양한 인터페이스로 의사소통하는 멀티모달 챗봇인 챗GPT에도 여전히 저작권 문제는 중요한 법적 이슈로 남아 있다. 다만 챗GPT의 입력 데이터와 출력 데이터 맥락에서 저작권 침해는 다소 다른 양상을 보인다.

입력 데이터와 관련하여 문제가 되는 저작권 침해 주체는 인공지능 챗봇 자체이다. 이는 모형을 최적화하는 과정에서 타인이 저작권을 보유한 데이터를 무단으로 활용한 것이 해당 주체의 저작권을 침해한다는 논리에서 기인한다. 엄밀히 말해 오늘날의 인공지능은 법인격을 가지지 않으므로, 인공지능 챗봇을 만들어낸 제작자가 저작권 위반에 대한 책임을 지게 된다. 챗GPT를 포함한 최근의 인공지능 챗봇은 과거에 비해 모형과 데이터의 크기가 천문학적으로 증대된 것을 특징으로 삼는 대규모언어모델의 일종이다. 그런데 제작자가 대규모언어모델을 학습하는 데 쓰인 모든 데이터를 자체적으로 구축하거나 저작자로부터 이용 허락을 받는 것은 상당히 어려운 일이므로, 대규모언어모델의 학습 과정에서는 저작권 침해의 위험이 어느 정도 남아 있기 마련이다. 저작권법상 타인에게 저작권이 인정되는 데이터를 저작자의 이용 허락 없이 챗GPT 모형의 학습에 활용하는 것은 위법 행위에 해당할 소지가 있기 때문이다.

다만 저작권법은 저작물의 통상적 이용 방법과 충돌하지

않고 저작자의 정당한 이익을 부당하게 해치지 않는 경우를 '공정 이용'으로 규정하여 저작권 침해의 예외로 규정하고 있다. 그리고 인터넷에 공개된 저작물을 있는 그대로가 아닌 모형의 학습 과정에서만 일시적으로 활용하는 것은 공정 이용의 요건(저작권법 제35조의5)을 충족한다고 해석될 여지가 있다.[3] 더구나 최근 발의된 저작권법 개정안들은 텍스트와 데이터마이닝Data Mining에 관한 면책 규정을 두는 것이 일반적 추세이기도 하다. 이는 빅데이터에 숨겨진 패턴을 밝혀 개별 데이터 차원을 넘어선 새로운 부가가치를 창출하는 행위에는 공정 이용을 포괄적으로 인정하려는 취지의 규정으로 이해된다. 또한 국가가 저작권 침해의 소지가 없는 학습용 데이터를 마련하여 이러한 문제에 대처하기도 한다. 일례로 한국지능정보사회진흥원이 운영하는 'AI 허브'라는 웹사이트에서는 자체적으로 구축한 인공지능 학습용 데이터를 제공하고 있다.[4]

반면 출력 데이터와 관련하여 문제가 되는 저작권 침해 주체는 창작물을 이용한 제3자이다. 챗GPT를 비롯한 최신 인공지능 챗봇은 입력 데이터를 있는 그대로 혹은 확률적으로 출력하는 방식(레트리벌retrieval)이 아니라, 이를 변형하여 맥락에 걸맞은 출력을 생성하는 방식(제너레이션generation)을 취하는 경우가 많다. 이에 따라 생성 모형이 만들어내는 창작물은 입력 데이터와는 별개의 저작물이므로 제3자가 이를 사적 이용을 넘은 영리적 목적으로 활용했다면 저작권 침해에 해당한다고 볼 여지가 있다. 일례로 누군가가 챗GPT에게 음악이나 미술품을 창작하도록 요청하고, 그에 따른 출력물을 제3자에게 판매한다면 오픈에이아이는 이를 자사 또는 챗GPT 자체의 저작권을 침해한 것으로 규정할 여지가 있다. 다만 현재 각국은 창작물을 생성한 인공지능 챗봇에는 저작물 개념의 요건인 인격성이 충족되지 않는다는 이유를 들어 인공지능 챗봇이든 제작자든, 이들의 저작권을 부정하는 것이 일반적 추세이다.[5]

다음으로 재산적 권리와 별개로 개인이 가진 고유한 내면적 권리인 인격권의 측면에서 보면 챗GPT는 그중에서도 개인정보의 자기 결정권 이슈와 밀접하게 연관된다. 먼저 대부분의 인공지능 챗봇은 머신러닝 방식에 기반하고 있으므로, 모형의 훈련에 활용되는 입력 데이터의 개인정보보호법 위반 문제가 논란이 될 소지가 있다. 현행법상 개인정보는 개인을 식별할 가능성이 있는 정보로 광범위하게 규정되어 있어, 입력 데이터 중 상당수가 이러한 요건의 적용을 받을 여지가 있기 때문이다. 원칙적으로 개인정보에 해당하는 데이터는 정보 주체의 동의를 받거나, 개인을 식별할 가능성을 충분히 완화하는 조치를 가하고 활용해야 하는데, 대규모언어모델에 활용된 데이터 모두가 이를 충족하는 것은 실무상 상당히 어려운 일이다. 실제로 2021년 4월 국내의 한 스타트업이 제작한 인공지능 챗봇 '이루다'는 이러한 두 가지 요건을 충족하지 못했다는 이유로 개인정보보보호위원회로부터 행정제재를 받기도 했다.[6]

개인정보 자기결정권 이슈는 챗GPT가 발화한 출력 데이터에도 적용될 수 있다. 우선 학습에 활용된 입력 데이터를 그대로 혹은 확률적으로 출력하는 방식을 취한 모형의 경우, 입력 데이터가 개인정보에 해당하는 한 출력 데이터 역시 개인정보보호법의 적용을 받을 여지가 많다. 생성 모형의 경우 논란은 있지만, 챗GPT가 새로이 생성한 출력 데이터가 입력 데이터와 동일인이든 타인이든, 누군가의 개인정보를 식별한 경우 개인정보보호법이 적용된다고 볼 여지가 있다.[7] 요컨대 챗GPT가 훈련에 이용하는 입력 데이터든 발화하는 출력 데이터든, 개인정보보호법의 규제가 적용될 여지가 있다는 것이다.

인공지능의 법 인격은 누구인가

지금까지 살펴본 것처럼 챗GPT에는 무수히 많은 법적 이슈가 결부되고 있다. 다만 이와 같은 논의에는 두 가지 해결되지 않은 과제가 남아 있다. 하나는 챗GPT의 작동 양상이 이러한 관련 법규의 적용을 받는 경우, 해당 법조항에 따른 의무나 책임의 주체가 누구여야 하는가의 문제이다. 일단 현재 시점에서 인공지능의 법인격은 인정되기 어렵다는 것이 일반적 견해이므로,[8] 선택지는 인간 제작자와 이용자로 좁혀진다. 물론 악의적 이용자가 챗GPT를 탈옥시켜 벌어진 사안의 책임은 이용자가 져야 할 것이 명백하므로, 남은 문제는 나머지 경우의 책임을 제작자에게 귀속시키는 것이 타당한지 아닌지이다.

일각에서는 챗GPT를 개발하여 사회에 위험을 증대시킨 것은 제작자이므로, 이들이 모든 책임을 지는 것이 마땅하다고 본다. 이러한 주장은 일견 직관적이고 실제로 이러한 위험을 관리할 수 있는 최적의 주체가 제작자인 경우도 많다. 문제는 대규모언어모델의 복잡성이 점차 커지면서 모든 위험을 예견하고 그에 상응하는 예방적 조치를 취하는 것이 현실적으로 어렵다는 것이다. 물론 정책적으로 모든 사후적 책임을 제작자에게 물리는 방안도 가능할 수는 있지만, 이와 같은 조치가 창의와 혁신을 위축시키는 부작용을 초래하는 것도 분명한 사실이다.

다른 하나의 과제는 합법성을 넘어선 윤리성에 대한 요구를 어디까지 관철할 것인지의 문제이다. 챗GPT가 세상에 있는 모든 현행법 조항을 준수한다 할지라도, 윤리성의 관점에서 수용하기 힘든 발화를 할 가능성을 배제하기 어려운 것이 사실이기 때문이다. 예컨대 현행법상 인공지능은 물론, 인간에 의한 혐오 표현조차 법적으로 충분한 규제가 이루어지지 못하고 있다는 지적이 있고,[9] 실제로 '이루다' 사건에서도 혐오 표현 문제는 윤리적 차원에서만 논의가 되었다. 다만 이러한 일반론을 수용한다고 하더라도, 윤리성을 어느 범위와 정도까지 지향하여야 하느냐는 전혀 다른 문제이다. 인간조차 윤리적으로 완전무결한 의사소통만을 하지 않는 상황에서 챗GPT에 그러한 잣대를 요구한다면, 이는 건전한 비판을 넘어선, 인공지능에 대한 부당한 '혐오'로 비칠지도 모른다. 대화의 당사자인 인간 스스로가 '대체로 윤리적인' 챗GPT만을 원하는 경우에조차, 개발자는 '완전무결하게 윤리적인' 챗GPT를 개발해야만 하는가?

15장

인공지능은
창의적인 소설을 쓸 수 있을까?

"또 하나의 세계를 완성하는 챗GPT의 글쓰기"

강우규

중앙대 인문콘텐츠연구소 연구교수

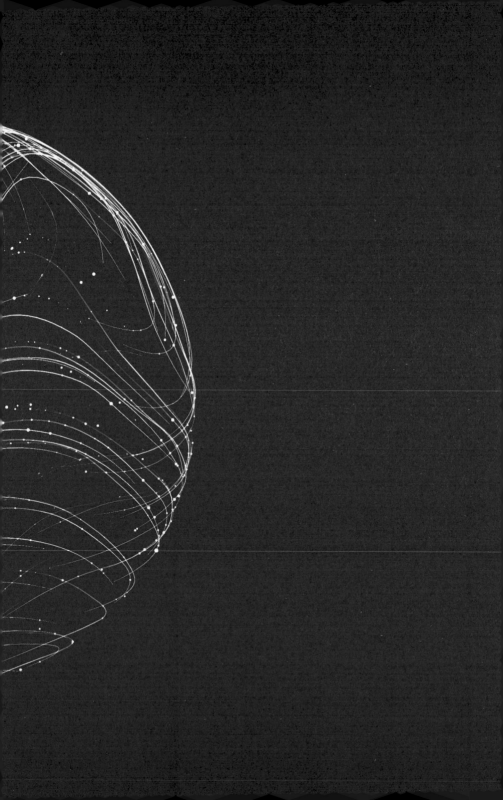

창의성, 주체와 도구의 문제

2020년 오픈에이아이의 챗봇 챗GPT의 세 번째 버전인 GPT-3가 공개된 이후 인공지능과 소설 창작에 관해 생각해보았다. 인공지능의 소설 창작은 의사pseudo 예술품을 대량 생산하는 작업일 뿐이라는 견해와 인간이 만든 도구가 인간보다 훨씬 우월한 사고와 표현력을 지닌 창작의 주체가 될 것이라는 견해 사이에서 '인공지능이 소설 작가가 될 수 있을까?'를 고민한 것이다.

소설 창작은 인간의 대표적인 창의적 활동이었다. 따라서 소설 작가에게 '창의성'은 필수요소라고 할 수 있다. 그런데 '창의성'은 인간만이 지니는 특성이라고 할 수 있을까? 인간의 창의적인 활동으로서 소설 창작은 기존에 없던 새로운 이야기를 만드는 것이 아니라, 이미 존재하는 이야기를 조합하고 배치해서 또 하나의 세계를 완성해가는 작업이라고 이야기된다. 그렇다면 기존의 데이터를 학습하여 새로운 문장을 생성하는 인공지능의 글쓰기는 창의적이라고 할 수 없는 것일까? '창의성'에만 집중했을 때 인간의 소설 창작 방식과 인공지능의 문장 생성 기술은 다르다고 단정하기 어려웠다.

창의성에 대한 고민은 '주체와 도구'의 문제로 이어졌다. 인공지능은 소설 창작의 주체인가, 아니면 도구일 뿐인가? 이를 고민하던 중 소설가 김태연의 주도 아래 개발된 인공지능 비람풍이 장편소설 《지금부터의 세계》를 창작했다는 언론 보도를 접하게 되었다. 그런데 소설가 김태연은 자신을 소설 감독이라고 칭하며, 자신은 비람풍이 차린 밥상에 수저만 얹었을 뿐 마치 비람풍이 소설 창작의 주역인 것처럼 이야기했다. 하지만 그 역시 비람풍이 소설을 '창작'했다고 표현하지는 못했다. '창작'이란 '특정한 의도'를 바탕으로 예술 작품을 '구상'하고 '생산'하는 행위인데, 비람풍의 집필에는 의도와 구상이 제외된 '생산'의 의미만이 담겨 있기 때문이라고 여겨진다. 이러한 고민을 거쳐서 인공지능은 소설 창작의 주체가 될 수 없고, 작가의 창작 의도에 부합되는 문장을 생성해주는 디지털 서사 창작 도구의 발전된 형태라는 생각에 도달했다. 즉 인공지능이 소설 창작의 주체인 작가가 될 수 없지만, 인공지능으로 소설을 창작할 수 있다는 결론에 이른 것이다. 하지만 그때까지만 해도 공학적인 전문성 때문에 인공지능을 활용해서 소설을 쓴다는 것에 회의적이었다.

최종 결과물의 완성도와 지시사항

그런데 2022년 챗GPT가 공개된 이후 인공지능과 소설 창작에 대한 고민은 새로운 국면을 맞이했다. 거대 인공지능이라고 할 수 있는 챗GPT를 웹상에서 누구나 사용할 수 있게 되었기 때문이다. 이제는 인공지능에 대한 전문 지식이 없는 사람이라도 누구나 챗GPT를 활용할 수 있고, 이를 통해 소설을 쓰는 것이 가능해졌다. 현재 챗GPT를 활용해 작성한 전자책 200권 이상이 아마존 킨들 스토어에서 판매 중이고, 그중에는 동화책도 있다. 국내에서도 챗GPT와 인공지능 파파고의 합작 신간 도서 《삶의 목적을 찾는 45가지 방법》이 출간되었고, 소설가 정지돈은 챗GPT를 활용하여 실험적인 단편소설을 창작하기도 했다. 1년 사이에 '인공지능으로 소설을 창작할 수 있는가?'라는 필자의 고민은 너무나 당연해져서 무의미해진 것이다.

자조적인 마음에 챗GPT(GPT-4 모델)에게 "인공지능은 창의적인 소설을 쓸 수 있다고 생각해?"라는 질문을 던졌다. 그러자 챗GPT는 "GPT-4와 같은 고급 언어 모델은 인간 작가의 작품을 분석하고 학습하여, 사람들이 읽고 즐길 수 있는 창의적인 소설을 작성할 수 있습니다. 인간의 감성, 경험, 독특한 개성을 완벽하게 흉내 낼 수는 없지만, 인공지능이 창의적인 소설을 쓸 수 있는지 여부는 그 소설을 읽는 사람들의 기준에 따라 다르게 평가될 수 있습니다"[1]라고 자평했다. "인공지능에 대해서 전혀 모르고 소설을 창작해본 적도 없는 사람이 챗GPT만 사용하면 창의적인 소설을 창작할 수 있을까?"라는 조금 더 노골적인 질문에도 챗GPT는 "챗GPT를 사용하는 데 전문적인 지식이나 경험이 필요하지는 않습니다. 인공지능에 대해 모르고 소설 창작 경험이 없는 사람이라도 챗GPT를 사용하여 창의적인 소설을 시도해볼 수 있습니다. 그러나 최종 결과물의 완성도와 창의성은 사용자의 아이디어와 지시사항, 그리고 인공지능과의 소통 및 협력 정도에 따라 달라질 수 있습니다"라고 답변했다.

　창의적인 소설 창작이 가능하다는 챗GPT의 너무나 당당한 답변에 오히려 당황한 마음이 들었다. 그래서 '인공지능이 창의적인 소설을 창작할 수 있는가?'라는 주제의 소설을 챗GPT

로 써보기로 하고, 챗GPT에게 "챗GPT로 소설을 쓰려면 어떤 과정을 거쳐야 하나요?"라고 질문했다. 이에 대하여 챗GPT는 "계획 및 개요 작성 → 소설의 개요와 함께 구체적인 지시사항을 포함 프롬프트 생성 → 모델 실행 → 결과 검토 및 수정 → 반복 및 조정 → 편집 및 리뷰 → 추가 수정 및 개선의 과정을 통해 챗봇(챗GPT)으로 작성된 소설을 완성할 수 있고, 그 과정에 작가의 개입과 지도가 필요할 수도 있다"고 설명해주었다.

챗GPT의 설명에 따라서 소설의 개요를 담은 프롬프트를 입력하고 그 결과 흡족한 부분은 취하고 부족한 부분은 수정해서 다시 프롬프트로 입력하는 과정을 반복하여 한 편의 소설을 창작했다. 이렇게 창작한 다음의 소설은 인공지능을 소설 창작의 도구로 보는 필자의 생각과 인공지능이 창의적인 소설을 창작할 수 있다는 챗GPT의 생각이 종합된 결과물이다. 이를 제시하면서 인공지능과 소설 창작에 대한 고민을 독자에게 넘기고자 한다.

챗GPT(GPT-4 모델)을 활용해 창작한 단편소설

인공지능은 창의적인 소설을 쓸 수 있을까?

프롤로그

Stable diffusion web-ui로 생성한 이미지[2]

　누군가 모니터를 바라보고 있다. 모니터 화면 속에는 "인공지능이 창의적인 소설을 쓸 수 있을까?(작성자: 철수)"라는 제목의 글이 검색 순위 1위를 차지하고 있다.

인공지능과 소설 창작

　소설 작가인 영희는 모니터 속의 "인공지능은 창의적인 소설을 쓸 수 있을까?"라는 제목의 글에 집중하고 있다. 호기심이 생긴 영희는 이 글을 클릭하여 본문을 읽기 시작한다. 글의 내용은 인공지능의 창의력에 대한 여러 견해를 담고 있으며, 이에 대한 댓글들은 뜨거운 토론으로 넘쳐나고 있다. 이 글의 게시자는 인공지능 전문가인 철수였다. 이 글에서 철수는 "인공지능은 수많은 데이터를 기반으로 새로운 아이디어와 조합을 창조할 수 있다"라고 주장하였다.

영희는 철수의 주장에 대해 반박하고 싶은 마음이 생겼다. 그녀는 자신의 생각을 댓글로 남기기로 결정했다.[*]

"안녕하세요, 소설 작가 영희입니다. 제 생각에는 인공지능이 창의적인 소설을 쓸 수는 없다고 생각해요. 소설 작성은 작가의 감성, 독특한 개성, 그리고 인간적인 경험에 근거한 창의력을 필요로 하는데, 인공지능은 아직까지 그러한 부분을 표현할 수 없다고 생각합니다."

잠시 후 철수에게서 1:1 대화방으로의 초대 메시지가 전달되었다.

"안녕하세요, 영희님. 저는 인공지능 전문가 철수입니다. 여러 사람들 앞에서 토론하는 것보다 개인적으로 이야기를 나누는 게 더 좋을 것 같아서 1:1 대화방으로 초대했습니다. 저는 인공지능이 창의적인 소설을 쓸 수 있

---

[*] 색자로 표시된 부분은 챗GPT가 생성한 문장이다.

다고 생각하는데요, 이에 대한 영희님의 생각과 의견을 듣고 싶습니다."

영희는 궁금증에 이끌려 철수의 초대를 수락하고 1:1 대화방에 들어갔다.

"안녕하세요, 철수님. 저는 소설 작가 영희입니다. 이 주제에 대해 더 깊이 이야기를 나누는 것에 관심이 있어요. 저는 인공지능이 패턴을 인식하고 정보를 처리하는 능력이 뛰어나다는 것을 인정합니다. 하지만 창의적인 소설 작성에 필요한 감성과 인간적인 경험을 갖춘 것은 인간 작가뿐이라고 생각해요. 그래서 인공지능이 창의적인 소설을 쓸 수 있다고 보기는 어렵습니다."

"영희님, 소중한 의견 감사합니다. 저는 인공지능의 창의력에 대해 다소 다른 견해를 가지고 있습니다. 인공지능은 대규모의 데이터를 분석하여 새로운 조합을 찾아낼 수 있습니다. 또한 인공지능은 인간의 경험과 감성을 데이터로 학습하며, 독특한 시각을 제시할 수 있습니다. 이런 측면에서 인공지능이 창의적인 소설을 쓸 가능성이 있다고 생각합니다. 그러나 아직 완벽하지는 않다는 것도 인정합니다."

"그렇다면 철수님께서는 인공지능이 얼마나 창의적인 소설을 쓸 수 있을 것이라고 생각하시나요? 그리고 인간 작가의 역할은 어떻게 변화하게 될까요?"

"인공지능이 창의적인 소설을 쓰는 수준에 도달하려면 아직 많은 발전이 필요하다고 생각합니다. 그러나 인공지능은 이미 지금도 많은 분야에서 인간의 창의력을 보조하고 있습니다. 앞으로 인간 작가와 인공지능이 협력하여 더욱 창의적이고 독창적인 작품을 만들어낼 수 있을 것이라고 생각합니다."

영희와 철수의 토론은 점점 더 깊어진다. 두 사람은 각자의 견해를 뒷받침하기 위해 예시와 증거를 제시하며, 서로의 의견을 놓고 길게 토론했지만, 서로의 입장 차를 좁히지 못했다. 이에 철수는 영희에게 인공지능을 활용해 하나의 소설 작품을 완성해보자고 제안한다.

"철수님, 그렇게 하면 인공지능의 창의력을 직접 체험해볼 수 있겠네요. 좋은 제안입니다. 그럼 어떻게 진행하면 좋을까요?"

"제가 생각하기에, 저희가 함께 소설의 기본 틀과 주제를 정한 다음, 인공지능에게 그 틀을 바탕으로 소설을 완성하도록 도움을 요청하는 것이 좋을 것 같아요. 이를 통해 인공지능의 창의력을 최대한 활용해보고, 저희 두 사람의 견해에 변화가 있는지 확인해볼 수 있겠죠."

"좋습니다. 그럼 소설의 주제와 기본 틀을 정하고 인공지능에게 작업을 맡겨보죠."

철수와 영희는 함께 소설의 주제와 기본 틀을 정하고, 인공지능 프로그램을 활용해 소설을 완성해나갔다. 작업이 진행될수록 영희는 인공지능의 창의력에 대한 인식이 점차 바뀌기 시작했다.

"철수님, 인공지능이 이렇게 창의적인 작품을 만들어내다니 놀랍습니다. 제가 이전에 생각했던 것보다 훨씬 더 발전된 수준이네요."

"영희님, 저도 인간 작가와 인공지능의 협력이 얼마나 중요한지 더 깊이 깨닫게 되었습니다. 저희 둘이 협력하여 이렇게 멋진 작품을 완성한 것처럼, 앞으로 인간과 인공지능의 협력이 더욱 중요해질 것 같아요."

소설 작업이 완료된 후, 영희는 그 작품의 완성도에 만족해하며 출판을 결심한다.

에필로그

Stable diffusion web-ui로 생성한 이미지[3]

누군가 모니터를 바라보고 있다. 모니터 속에서는 인공지능 전문가 철수와 소설 작가 영희의 대화 내용이 저장된 파일과 그들이 창작한 소설 파일이 열려 있다. 그 옆의 모니터 속에는 인공지능 전문가 철수와 시나리오 작가 희경의 대화 내용이 실시간으로 갱신되고 있다. 그 옆의 모니터, 그 옆의 모니터 …… 무수히 많은 모니터 속에서 인공지능 전문가 철수와 누군가의 대화가 실시간으로 갱신되고 있다.

챗GPT, 인간과의 공존을 강조하다

필자는 챗GPT와 함께 쓴 소설에서 인공지능에 대한 기대와 두려움을 묘사하고 싶었다. 스토리텔링 도구로서 챗GPT의 뛰어난 성능을 기대하면서도 한편으로 두려움을 느꼈는데, 이러한 양가적 감정이 챗GPT에 대한 깊은 이해를 도모하는 원동력이 되리라고 생각했기 때문이다. 본문 집필 과정에서 챗GPT는 소설가 영희와 인공지능 전문가 철수의 성공적인 협업 과정을 기대 이상의 문장력으로 표현하였고, 이를 통해 인공지능에 대한 기대를 잘 담아내었다.

이에 필자는 철수가 사실은 인공지능이었다는 반전을 은유적으로 표현하여 인공지능에 대한 두려움을 은연중에 드러내는 에필로그를 작성하였다. 그런데 챗GPT는 필자가 작성한 에필로그가 영희와 철수의 협력을 특별하지 않은 것으로 묘사한다면서, 둘의 성공적 협력을 강조하는 결말을 추천하였다. 은유적으로 표현한 반전을 이해하지 못하고, 인공지능에 대한 두려움을 담으려는 필자의 의도는 당연히 파악하지 못한 것이다. 에필로그의 반전 내용을 설명해주었지만, 챗GPT는 소설에 대한 전반적인 감상으로 인간과 인공지능의 상호 보완적인 공존만을 강조할 뿐이었다. 챗GPT가 인공지능의 두려움을 언급하지 않는 것은 문맥에 담긴 필자의 의도를 파악하지 못한 결과일 것이고, 인간과 인공지능의 공존을 강조하는 것은 인공지능 윤리가 반영된 프로그래밍 결과일 것이다. 인공지능에 대한 두려움을 망각시키고 기대만 남도록 만드는 것은 결코 아닐 것이다….

주

3장

1 https://catalyst.nejm.org/doi/full/10.1056/CAT.23.0043.

2 Patel SB et al. Lancet Digital Health 2023;5(3):e107-e108, Ali SR et al. Lancet Digital health 2023;5(4):e179-e181.

3 Lee P. et al. New Engl J Med 2023;388(13):1233-1239.

4 Sarraju A, et al. JAMA 2023;329(10):842-844.

5 Gilson A. et al. JMIR Med Educ 2023;9:e45312, Kung TH et al. PLOS Digit Health 2023;2(2):e0000198.

6 Lee P. et al. New Engl J Med 2023;388(13):1233-1239.

6장

1 Bender, E. M., & Koller, A. (2020, July). Climbing towards NLU: On meaning, form, and understanding in the age of data. In Proceedings of the 58th annual meeting of the association for computational linguistics (pp. 5185-5198).

2 Frankfurt, H. G. (2005). On bullshit. Princeton University Press.

3 OpenAI, Training language models to follow instructions with human

feedback, 2022.

4 https://nymag.com/intelligencer/article/ai-artificial-intelligence-chatbots-emily-m-bender.html

5 https://www.youtube.com/watch?v=ebjkD1Om4uw

6 https://futureoflife.org/open-letter/pause-giant-ai-experiments/

7 https://www.youtube.com/watch?v=880TBXMuzmk

7장

1 이 글은 미발표 논문 〈인지 빈곤: 인공지능 시대의 인간학적 위험〉의 편집·축약본이다.

2 유발 노아 하라리, 전병근 옮김, 《21세기를 위한 21가지 제언》, 김영사, 2018, 87쪽.

3 마뉴엘 카스텔, 정병순 옮김, 《정체성 권력》, 한울아카데미, 2008, 438쪽.

4 때에 따라 이는 '인지 부족'이나 '인지 고갈cognitive exhaust'로 병기될 수 있다.

5 H. A. Simon, 1971. "Designing Organizations for an Information-Rich World," in Martin Greenberger, Computers, Communication, and the Public Interest, Baltimore, MD: The Johns Hopkins Press, pp. 40-41.

6 Adrian F. Ward & Kristen Duke & Ayelet Gneezy & Maarten W. Bos, 2017. "Brain Drain: The Mere Presence of One's Own Smartphone Reduces Available Cognitive Capacity", Journal of the Association for Consumer Research, University of Chicago Press, vol. 2(2), pages 140-154.

7 욘 엘스터, 김종엽 옮김, 《사회적 행위를 설명하기 I》, 그린비, 2020, 326~333쪽.

8 필립 드와이어·마크 S. 미칼레 엮음, 김영서 옮김, 《우리 본성의 악한 천사―스티븐 핑커의 역사 이론 및 폭력 이론에 대한 18가지 반박》, 책과함

께, 2023.

9 미셸 마페졸리, 박정호·신지은 옮김,《부족의 시대》, 문학동네, 2018, 19쪽.

10 톰 니콜스, 정혜윤 옮김,《전문가와 강적들》, 오르마, 2017.

11 이라영,《타락한 저항》, 교유서가, 2019.

14장

1 https://openai.com/research/overview.

2 조윤정, 챗GPT도 못 피한 AI 윤리적 문제, 주간조선, 2023. 3. 23.
   https://weekly.chosun.com/news/articleView.html?idxno=24505.

3 김병필, 대규모 언어모형 인공지능의 법적 쟁점, 정보법학 제26권 제1호,
   2022, 190-191면.

4 https://aihub.or.kr/.

5 가령 최근 한국음악저작권협회는 GIST 연구실에서 개발한 인공지능 '이봄'
   이 생성한 음악의 저작권을 부정하고 저작권료 지급을 중단하면서 이러한
   근거를 제시했다고 한다. 박찬근, "AI 창작물, 저작료 못 줘"…국내 AI 저작
   권 갈등 점화, SBS 뉴스, 2022. 10. 14.
   https://news.sbs.co.kr/news/endPage.do?news_id=N1006932703 (2023.3.10)

6 개인정보보호위원회 2021. 4. 28.자 제2021-007-072호 심의·의결.

7 조상현, 추론개인정보의 법적 취급, 서울대학교 인공지능정책 이니셔티브
   DAIG 매거진 제2호, 2021, 166-169면.

8 이상용, 인공지능과 법인격, 민사법학 제89호, 2019, 3-49면.

9 김병필, 앞의 논문, 207-208면.

15장

1 챗GPT의 답변에서 발췌하여 수정한 것이다. 이후 등장하는 챗GPT의 답변
   역시 모두 이와 동일하다.

2   Stable diffusion web-ui, https://github.com/AUTOMATIC1111/stable-diffusion-webui. Prompt: 1 computer monitor in a dark room, with the search site open, 8K, HyperRealistic / Steps: 20, Sampler: Euler a, CFG scale: 7, Seed: 1851182381, Size: 768x512, Model hash: 4c86efd062, Model: model.

3   Prompt: Dark room, lots of computer monitors with AI-related sites open. 8K, Hyper Realistic / Steps: 20, Sampler: Euler a, CFG scale: 7, Seed: 3413089267, Size: 768x512, Model hash: 4c86efd062, Model: model.